Grundlagen der Bilanzierung

Übersichtsdarstellungen

Von

Prof. Dr. F. W. Selchert

Justus-Liebig-Universität Gießen

2., überarbeitete und aktualisierte Auflage

R. Oldenbourg Verlag München Wien

Die Deutsche Bibliothek – CIP-Einheitsaufnahme

Selchert, Friedrich W.:
Grundlagen der Bilanzierung in Übersichtsdarstellungen /
von F. W. Selchert. – 2., überarb. und aktualisierte Aufl.. -
München ; Wien : Oldenbourg, 2001
ISBN 3-486-25798-6

Rosenheimer Straße 145, D-81671 München
Telefon: (089) 45051-0
www.oldenbourg-verlag.de

Gedruckt auf säure- und chlorfreiem Papier
Gesamtherstellung: Druckhaus „Thomas Müntzer“ GmbH, Bad Langensalza

ISBN 3-486-25798-6

Vorwort zur 2. Auflage

Das unermüdliche Schaffen des Gesetzgebers hat es notwendig werden lassen, die Grundlagen der Bilanzierung in einer überarbeiteten und aktualisierten Auflage zu veröffentlichen. Insbesondere die durch das Steuerentlastungsgesetz 1999/2000/2002, Steuersenkungsgesetz sowie KapCoRiLiG eingetretenen Veränderungen wurden eingearbeitet. Ebenfalls sind die vom Deutschen Rechnungslegungs Standards Committee (DRSC) mittlerweile herausgegebenen Standards berücksichtigt worden.

An der Konzeption des Buchs hat sich nichts verändert. Die Grundlagen der Bilanzierung sollen den Studierenden ermöglichen, sich arbeitsökonomisch einen Überblick über die ordnungsmäßige Erstellung von Jahresabschlüssen und Sonderbilanzen zu verschaffen. Die Darstellung geht auf die Buchführung als Grundlage des Jahresabschlusses nicht ein. Sie will vielmehr einen Eindruck von den Gestaltungsmöglichkeiten und -notwendigkeiten eines anforderungsgerechten Jahresabschlusses vermitteln. Ergänzend wird auch auf den Lagebericht, die Kapitalflußrechnung sowie die Publizität und Prüfung eingegangen. Eine Kurzdarstellung der Bilanztheorien soll eine theoretische Reflexion bieten. Zudem werden die Grundzüge der Konzernrechnungslegung erörtert.

Die Übersichtsdarstellungen sind als eine Art Vorlesungsmitschrift gedacht. Sie können ein gründliches Literaturstudium zur umfassenden Fundierung der Kenntnisse über die Bilanzierung nicht ersetzen, sicherlich aber eine Lernhilfe bieten.

Herrn Dipl.-Kfm. Markus Greinert danke ich für die kritische Durchsicht und Aktualisierung des Manuskripts. Herr cand. rer. oec. Sebastian Reget und vor allem Frau Ursula Schleenbecker haben mit Sorgfalt und Geschick die Änderungen erfaßt und durch ihren Einsatz die termingerechte Fertigstellung der zweiten Auflage ermöglicht.

Gießen F. W. Selchert

Vorwort zur 2. Auflage

Inhaltsverzeichnis

Abkürzungsverzeichnis

AfA	Absetzung für Abnutzung
AG	Aktiengesellschaft
AHK	Anschaffungs- bzw. Herstellungskosten
AktG	Aktiengesetz
Aufl.	Auflage
BT-Ds.	Bundestags-Drucksache
EStG	Einkommensteuergesetz
EStR	Einkommensteuer-Richtlinien
Fifo	First-in-first-out
GewSt	Gewerbesteuer
GmbH	Gesellschaft mit beschränkter Haftung
GmbHG	Gesetz betreffend die Gesellschaften mit beschränkter Haftung
GrESt	Grunderwerbsteuer
GuV	Gewinn- und Verlustrechnung
GWG	Geringwertige Wirtschaftsgüter
H	Hinweis
HFA	Hauptfachausschuß beim Institut der Wirtschaftsprüfer
HGB	Handelsgesetzbuch
h.M.	herrschende Meinung
Hsp.	Hauptspalte
KGaA	Kommanditgesellschaft auf Aktien
KSt	Körperschaftsteuer
Lifo	Last-in-first-out
M	Mutterunternehmen
ME	Mengeneinheiten
ND	Nutzungsdauer
PublG	Gesetz über die Rechnungslegung von bestimmten Unternehmen und Konzernen (Publizitätsgesetz)
R	Richtlinie
SABI	Sonderausschuß Bilanzrichtlinien-Gesetz beim Institut der Wirtschaftsprüfer
T	Tochterunternehmen
Tz.	Textziffer
USt	Umsatzsteuer
Vsp.	Vorspalte

Einordnung der Bilanzierung in das System der Betriebswirtschaftslehre

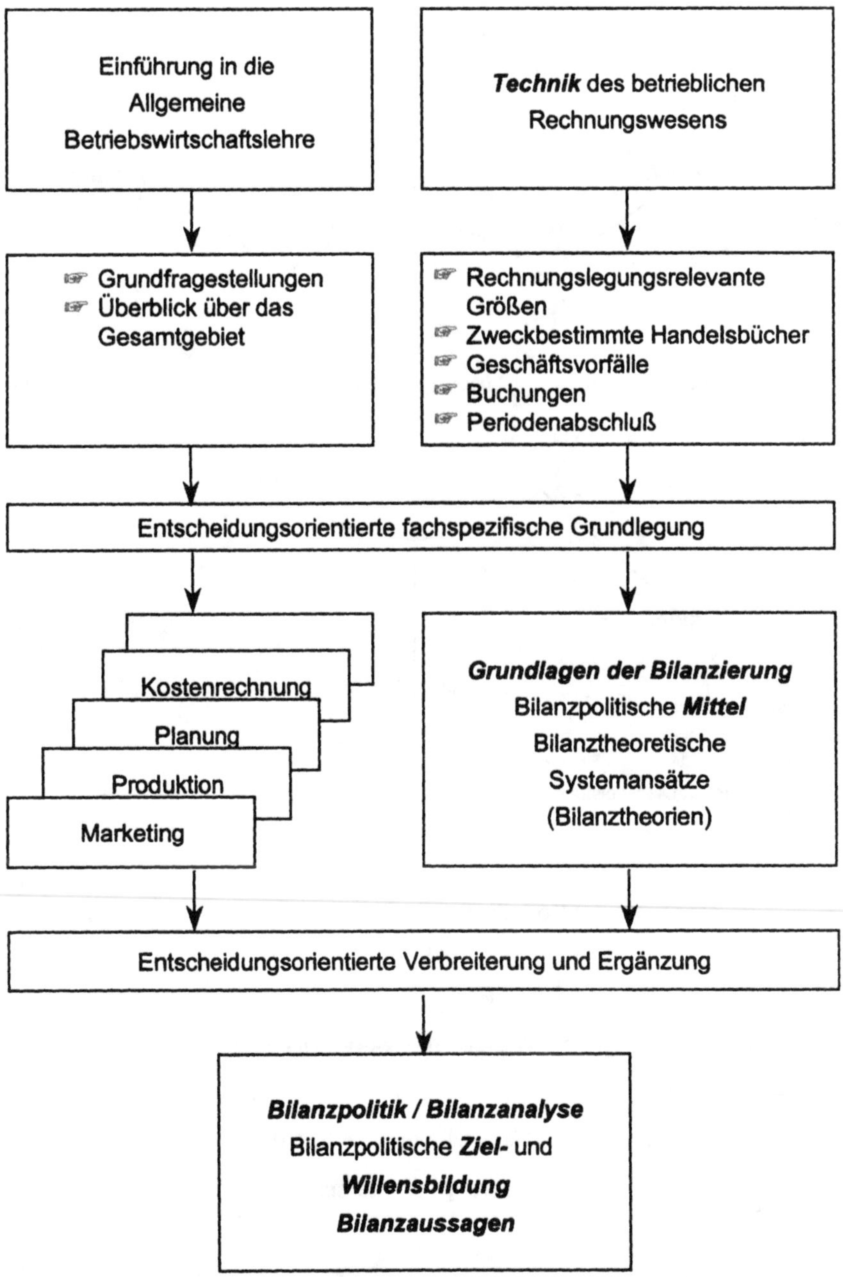

Das Koordinationsmodell des Unternehmens

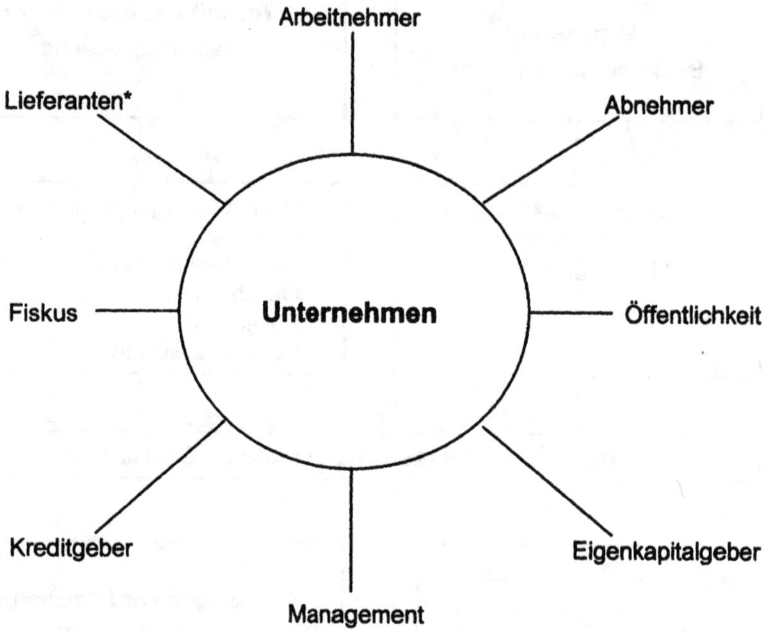

*einschl. Dienstleistungen

Merkmale der Koordination:

- ***Finanzbeziehungen***
- ***Lieferungs- bzw. Leistungsbeziehungen***
- ***Eigeninteressen***
- gemeinsame Verwirklichung der Interessen
- rechtliche Normierung der Interessendurchsetzung

Die Polarisierung der Informationen und Informationsinteressen

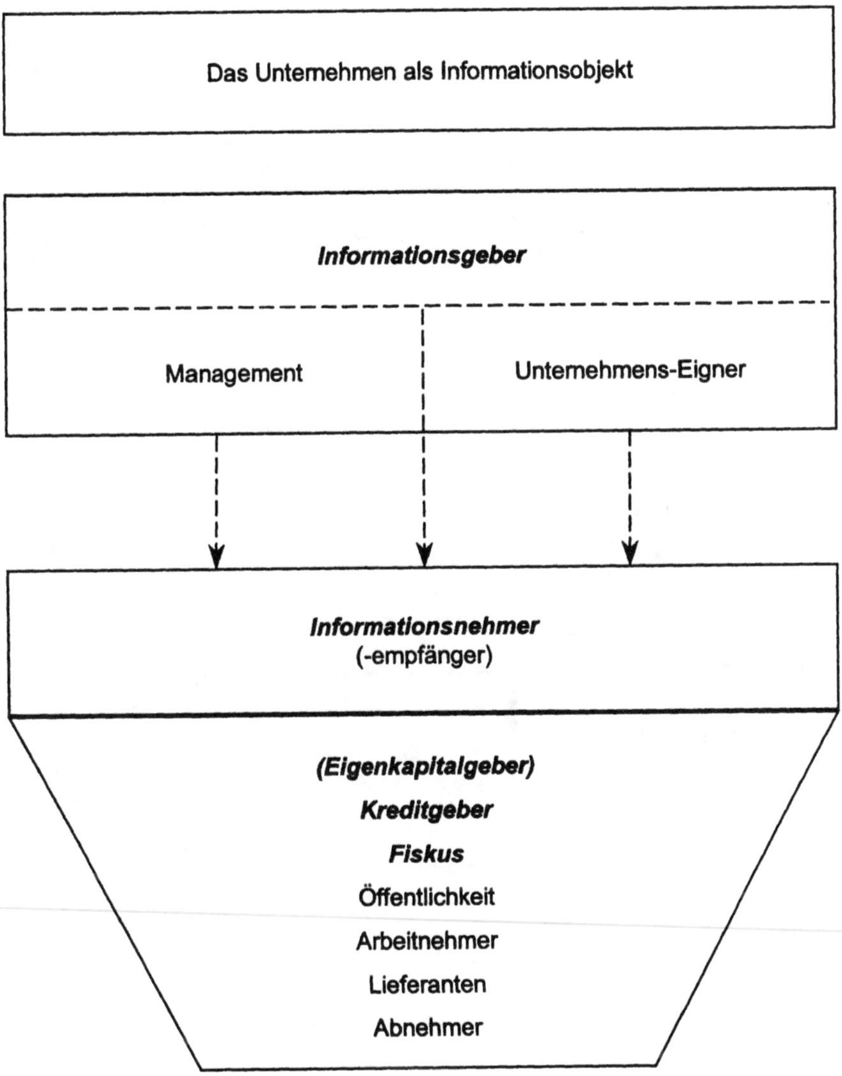

Bereiche des betrieblichen Rechnungswesens

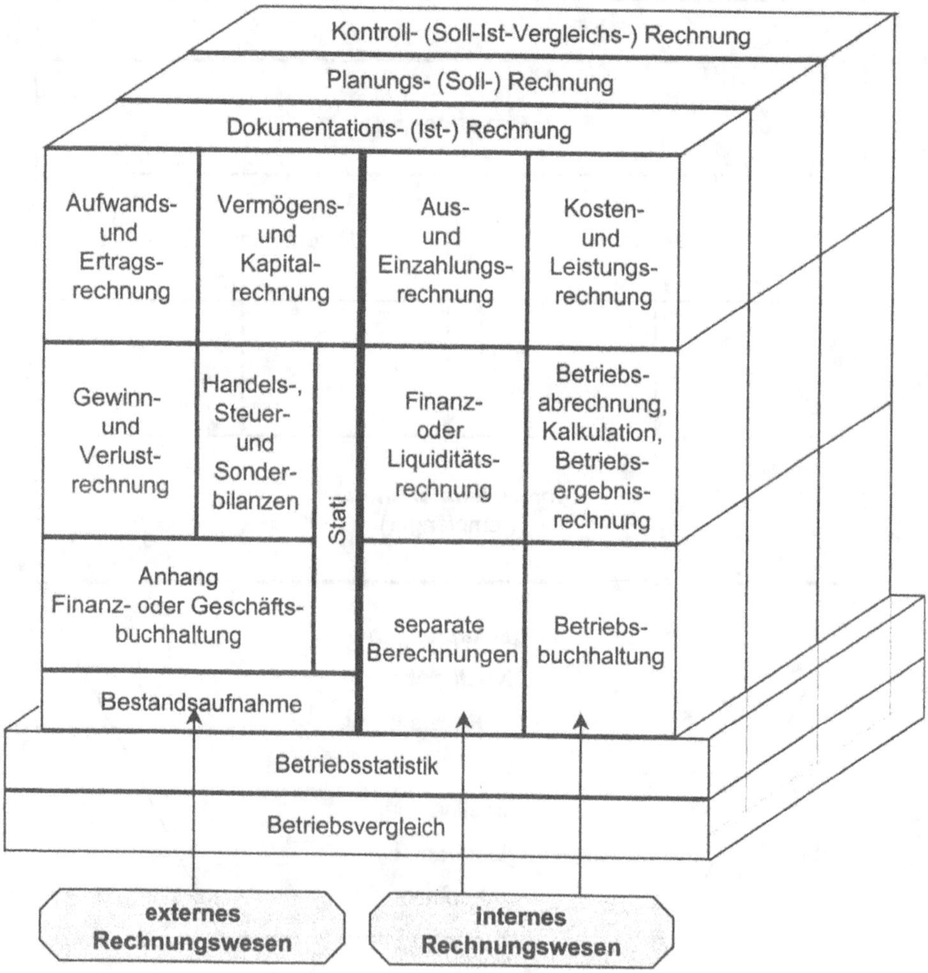

Merkmale der Bilanz (I)

1. Die Bilanz ist ein ***Informationsinstrument.***

2. In der Bilanz werden zwei sich entsprechende Erscheinungen wirtschaftlichen Engagements (Seiten) gegenübergestellt; sie ist deshalb ***stets ausgeglichen.***

3. Die Bilanz ist eine Gegenüberstellung ***von Vermögen und Kapital.***

Vermögen: Summe der Güter und Rechte, die dem Unternehmen zugerechnet werden

Kapital: Summe der an das Vermögen (an das Unternehmen) gestellten Ansprüche

Die Zusammensetzung des Vermögens richtet sich nach dem Stand des betrieblichen Leistungsprozesses.

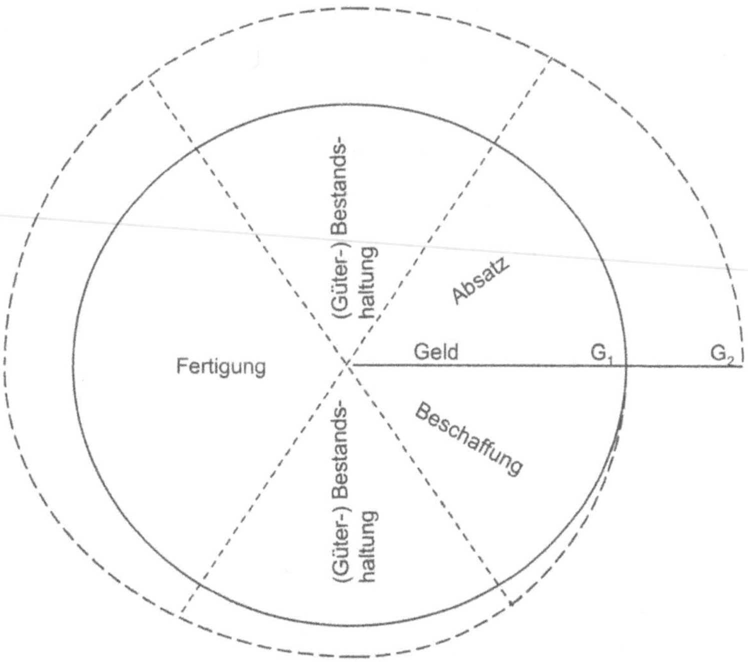

Merkmale der Bilanz (II)

Zusammenhang zwischen Leistungsprozeß, Finanzierung und Bilanz

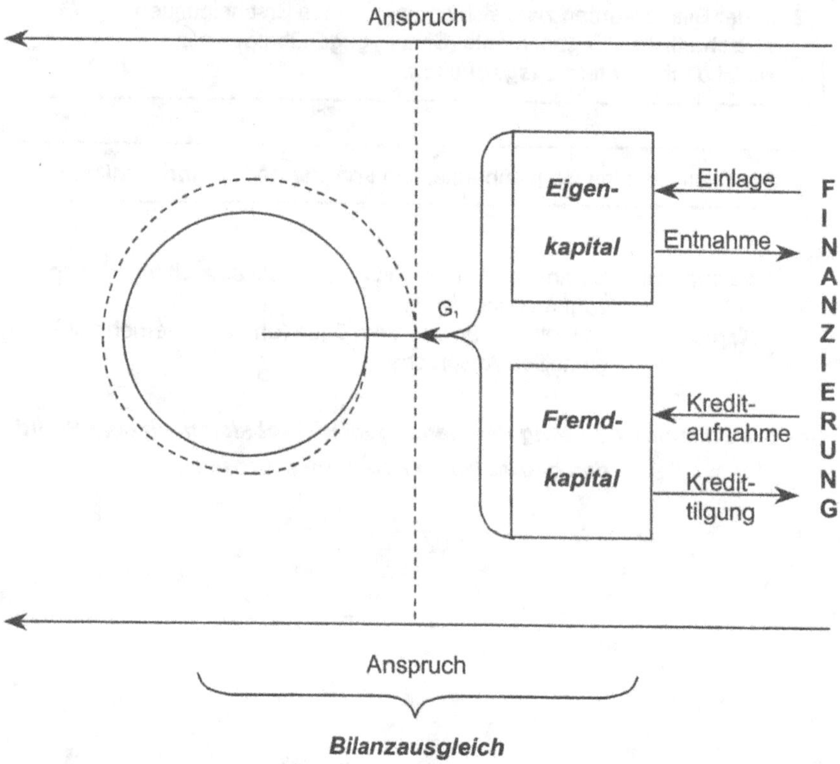

Merkmale der Bilanz (III)

4. Die Bilanz enthält beim Kapital eine Residualgröße, die den ***Bilanzausgleich*** bewirkt ***(= Eigenkapital)***

Den Eigenkapitalgebern steht im Falle der Auflösung des Unternehmens das Vermögen zu, das nicht zur Befriedigung der Fremdkapitalgeberansprüche benötigt wird und nicht nach der Satzung (dem Gesellschaftsvertrag) anderen Zwecken vorbehalten ist.

Bilanz des x-Unternehmens
zum 31.12.

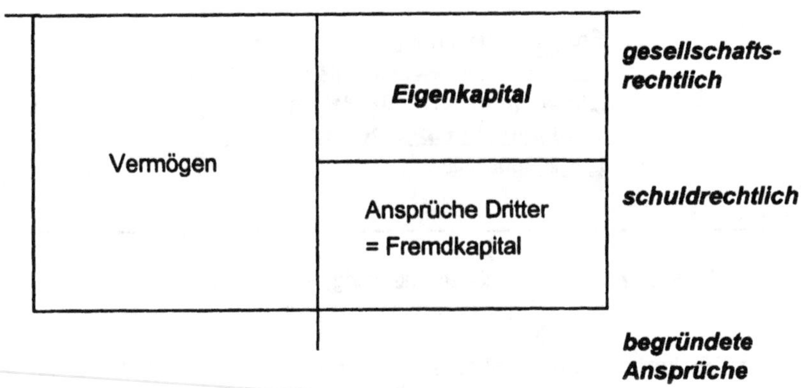

Merkmale der Bilanz (IV)

5. Die Bilanz ist ein Instrument zur Ermittlung ***des Periodenergebnisses.***

Bilanz des x-Unternehmens zum 31. 12.

Vermögen am Anfang der Periode	Eigenkapital am Anfang der Periode
	Fremdkapital am Anfang der Periode
Vermögensmehrung in der Periode	Zunahme des Fremdkapitals in der Periode
	Zunahme des Eigenkapitals in der Periode

Ergebnisberechnung:

Zunahme des Eigenkapitals in der Periode
./. ***Einlagen (externe Kapitalerhöhung)***
\+ ***Entnahmen (Kapitalherabsetzung)***
= Periodenergebnis

Gewinn ist eine Vermögensmehrung, die Ansprüche der Eigenkapitalgeber begründet.

Verlust ist eine Vermögensminderung, welche die Ansprüche der Eigenkapitalgeber reduziert.

→ ***stammt aus den***

- ***leistungswirtschaftlichen Funktionen***
- ***finanzwirtschaftlichen Funktionen***
- ***verwaltungswirtschaftlichen Funktionen***

Merkmale der Bilanz (V)

6. Die Bilanz ist eine ***Stichtagsaufstellung.***

7. Die Bilanz ist eine ***Geldrechnung (nach dem Nominalprinzip).***

8. Die in der Bilanz angesetzten Beträge sind ***Einzelwerte (keine Unternehmensbewertung).***

9. In der Bilanz sind die Vermögensgegenstände und die Ansprüche an das Vermögen nach ihrer ***Gleichartigkeit*** in Bilanzposten zusammengefaßt.

10. Es besteht ***keine unmittelbare Verbindung zwischen einzelnen Vermögens- und Kapitalposten.***

Merkmale der Bilanz (VI)

11. In der Bilanz werden nur das ***Bilanzvermögen*** und das ***Bilanzkapital*** gegenübergestellt, die i.d.R. kleiner als das ***Unternehmensvermögen*** bzw. das ***Unternehmenskapital (stille Reserven)*** sind.

12. In der Bilanz werden auch Aktiva und Passiva ausgewiesen, die nur bedingt als Bilanzvermögen bzw. Bilanzkapital anzusehen sind. ***(Korrekturgrößen)***

13. Die Bilanz ist ***aus der Buchführung abgeleitet.***
(Abschluß der Bestandskonten sowie der Gewinn- und Velustrechnung)
(Bilanz als Bestandsvergleichsrechnung)

14. Die Bilanz wird als Periodenabschlußrechnung durch die ***Gewinn- und Verlustrechnung*** ergänzt.
Die ***Gewinn- und Verlustrechnung*** zeigt die **Wertentstehung** und den ***Wertverzehr der Periode*** als Determinanten des ***Periodenergebnisses.***
(Abschluß der Erfolgskonten)

Durch die Gesamtheit der den Bilanzen ***gemeinsamen Merkmale*** lassen sich die Bilanzen von anderen Rechnungen abgrenzen.

Kriterien zur Unterscheidung von Bilanzarten

Unterscheidung von Bilanzarten u. a. nach

- Anlaß der Bilanzerstellung
- Länge der Bilanzperiode
- Rechtssystematischer Einordnung der Bilanz
- Rechtsform und Größe des bilanzierenden Unternehmens
- Wirtschaftszweig des bilanzierenden Unternehmens
- Form der Bilanzzusammenfassung

Durch die differenzierenden Merkmale lassen sich Bilanzen unterschiedlichen Inhalts ordnen.

Anlässe der Bilanzerstellung

Regel-bilanzen	***Ablauf einer von vornherein bestimmten Periode***
S O N D E R B I L A N Z E N S T A T I	Besondere Situationen (z.B. genetische Phasen) im Leben eines Unternehmens ☞ ***Unternehmensgründung*** ☞ Kapitalerhöhung aus Gesellschaftsmitteln ☞ Änderung der Rechtsform (Umwandlung) ☞ Unternehmenszusammenschluß (Fusion) ☞ Unternehmenssanierung ☞ ***Gesellschaftereintritt oder -austritt*** ☞ ***Insolvenz*** ☞ ***Liquidation*** (Sonstige) Entscheidungssituationen und volkswirtschaftliche Ereignisse, die Bilanzen verlangen - z.B. Bilanz anläßlich Kreditaufnahme ("Kreditbilanz") - Bilanz anläßlich Währungsumstellung, z.B. DM-Eröffnungsbilanz, Euro-Eröffnungsbilanz

Ausgewählte Sonderbilanzen

Gemeinsamkeit von Sonderbilanzen:
i.d.R. spielt eine Gewinn- und Verlustrechnung keine Rolle

Gründungsbilanz

Eröffnungsbilanz für eine Jahresabschlußrechnung

ggf. Schlußbilanz einer Vorgesellschaft

Geltung der Regelungen für ***Regelbilanzen***

Bilanz zur Kapitalerhöhung aus Gesellschaftsmitteln

- Verwendung von ***Rücklagen*** und Periodenergebnis
- Auflösung ***stiller Reserven*** durch Wertaufholung und Auflösung von Passiva

Erhöhung des gezeichneten Kapitals durch Anteilsausgabe ohne Einzahlung

z.T. Verbesserung der nominellen Kapitalstruktur (steigende Eigenkapitalquote)

Regel- und Sonderbilanzen (Abgrenzung)

Regelbilanzen

= jeweils nach Ablauf von ***gleich langen Abrechnungs-(Bilanz)Perioden***

Zweck:
Ermittlung und Vergleich des ausgewiesenen Vermögens und Kapitals
Erfolgsermittlung durch Vermögens-/Kapitalvergleich

Voraussetzung:
Bilanzkontinuität hinsichtlich Bilanzstichtag ***(Geschäftsjahr)*** und Bilanzinhalt

Sonderbilanzen

= zu ***wirtschaftlich*** bestimmten Zeitpunkten und zu ***besonderen Zwecken***

Zweck:
- Erfassung und Ausweis des ***tatsächlichen Vermögens und Kapitals ohne*** Berücksichtigung der ***Vergleichbarkeit***
- Abgrenzung der Phasen der Erfolgsermittlung ***(insbes. Beendigung)***
- Vermögens- und Kapitalübersicht zu besonderen Zeitpunkten

Voraussetzung:
Bilanzierung, Ausweis und ***Bewertung*** müssen dem Bilanzzweck entsprechen.

Unterschiede zwischen Regelbilanzen nach der Länge der Bilanzperiode

Ursachen für die Zeitspannenregelung

- ☞ ***gesetzliche Vorschriften***
- ☞ vertragliche Vereinbarungen
  (z.B. Gesellschafts- oder Kreditvertrag)
- ☞ generelle Entscheidungen der Unternehmensleitung

Gruppen von Regelbilanzen

nach Gründung, Beendigungsbeschluß, Änderung des Geschäftsjahres }

- ☞ ***Grundform: Jahresbilanzen***
  - nach Ablauf eines ***Geschäftsjahres von 12 Monaten*** (Geschäftsjahr darf vom Kalenderjahr abweichen)
  - nach Ablauf eines ***Rumpfgeschäftsjahres von weniger als 12 Monaten***
- ☞ ***Zwischenbilanzen***: Halbjahresbilanzen
  Quartalsbilanzen
  Monatsbilanzen
  Tagesbilanzen ***(z.B. Banken)***
- ☞ (Mehrjahresbilanzen: evtl. freiwillige Weltbilanz)

Unterscheidungsfolgen

- ☞ Bilanzperiode
- ☞ ***körperliche Bestandsaufnahme***
- ☞ ***Bewertung***
- ☞ ***Verrechnungsvorgänge***

Rechtssystematische Unterscheidung von Bilanzarten

Handelsbilanzen

= Bilanzen nach handelsrechtlichen Vorschriften
- dienen der ***Gewinnermittlung und dem Ausweis von Vermögen und Kapital***
- werden außer für rechtliche auch für wirtschaftliche Einheiten erstellt (***z. B. Konzerne)***

Damit die Handelsbilanz auch für steuerliche Zwecke verwendet werden kann, werden die steuerlichen Vorschriften i.d.R. bereits in der Handelsbilanz beachtet.
("umgekehrtes Maßgeblichkeitsprinzip")

Steuerbilanzen

= Bilanzen nach steuerrechtlichen Vorschriften
- dienen der ***Gewinnermittlung durch Vermögensvergleich***
- werden lediglich für Steuerpflichtige erstellt ***(z. B. nicht für Konzerne)***

Die Handelsbilanz gilt als Steuerbilanz, soweit sie den Grundsätzen ordnungsmäßiger Buchführung entspricht und nicht spezielle steuerrechtliche Vorschriften entgegenstehen. ("Maßgeblichkeitsprinzip")

Unterscheidung von Bilanzarten nach der Rechtsform und Größe der Unternehmen

<table>
<tr><th colspan="2" rowspan="2">Rechtsform
Größe</th><th colspan="3">Kapitalgesellschaften</th><th rowspan="2">Personen-gesell-schaften</th><th rowspan="2">Einzel-kauf-mann</th></tr>
<tr><th>AG</th><th>KGaA</th><th>GmbH</th></tr>
<tr><td colspan="2">Größenneutral</td><td colspan="5">allgemeine HGB-Vorschriften für alle Kaufleute, 3. Buch, 1. Abschnitt HGB (§§ 238 - 263 HGB)</td></tr>
<tr><td rowspan="3">HGB-größen-abhän-gig (§ 267 HGB)</td><td>Klein</td><td colspan="3" rowspan="3">spezielle HGB-Vorschriften für Kapitalgesellschaften, 3. Buch, 2. Abschnitt HGB (§§ 264 - 335 HGB),

ergänzt um Sonderregelungen im
Aktien-Gesetz bzw. GmbH-Gesetz</td><td rowspan="3">Für OHG und KG ohne natürliche Person als persönlich haftenden Gesellschafter gelten die Vorschriften für Kapitalgesellschaften (vgl. § 264a HGB)</td><td rowspan="3"></td></tr>
<tr><td>Mittelgroß *
BS: 6,72
UE: 13,44
AN: 50</td></tr>
<tr><td>Groß *
BS: 26,89
UE: 53,78
AN: 250</td></tr>
<tr><td>PublG (§ 1 PublG)</td><td>**
BS: 125
UE: 250
AN: 5000</td><td colspan="3"></td><td colspan="2">Verweis auf die für Kapitalgesellschaften geltenden Bilanzierungs- und Gliederungsvorschriften und die für alle Kaufleute geltenden Bewertungsvorschriften</td></tr>
</table>

* Am Abschlußstichtag und am vorhergehenden Abschlußstichtag müssen mindestens zwei der drei Merkmale überschritten sein.

BS = Bilanzsumme in Mio. DM
UE = Umsatzerlöse der letzten 12 Monate in Mio. DM
AN = Arbeitnehmer im Jahresdurchschnitt

Eine Kapitalgesellschaft gilt grundsätzlich als große Kapitalgesellschaft bei Inanspruchnahme eines organisierten Markts bzw. Beantragung der Zulassung.

** Am Abschlußstichtag und an den **beiden** vorhergehenden Abschlußstichtagen müssen mindestens zwei der drei Merkmale überschritten sein.

Rechtsform- und größenabhängige Unterschiede in der Bilanz

Bilanzierungsunterschiede
(bilanzielle Erfassung):

Bei Einzelkaufleuten und Personengesellschaften keine Bilanzierung von latenten Steuern

Ausweisunterschiede

- Eigenkapitalposten
- Gliederungstiefe
- Gliederungsreglementierung

Bewertungsunterschiede

- Wertaufholungsgebot ***(nur Kapitalgesellschaften)***
- weitere Abwertung gem. § 253 Abs. 4 HGB ***(nicht bei Kapitalgesellschaften)***

Ergänzung:

Prüfungsunterschiede

Offenlegungsunterschiede

Bilanzarten nach Wirtschaftszweigen
Bilanzzusammenfassung

Wirtschaftszweigbedingte Bilanzarten	*Wirkung auf:*
☞ Allgemeine Form der Bilanz nach dem HGB typisch für Industrieunternehmen - Modifikation für Industriezweige, z.B. Elektrizitätswerke - Variation für Handelsunternehmen	***Bilanzinhalt***
☞ Sonderformen der Bilanz - für Kreditinstitute - für Versicherungsunternehmen	***Bilanzform und -inhalt***

Formen der Bilanzzusammenfassung

☞ ***Sammelbilanzen***
= Zusammenstellung der Einzelbilanzen rechtlich und wirtschaftlich selbständiger Unternehmen, z.B. Unternehmen einer Branche

☞ ***Gemeinschaftsbilanzen***
= Zusammenstellung der Einzelbilanzen rechtlich selbständiger, wirtschaftlich partiell in einem Zusammenhang stehender Unternehmen, z.B. Unternehmen einer Interessengemeinschaft

☞ ***Konsolidierte Bilanzen***
= Integration der Einzelbilanzen rechtlich selbständiger Unternehmen, die eine wirtschaftliche Einheit bilden ***(Konzernbilanzen)***

Bilanzinteressenten und Bilanzanforderungen

Interessentengruppen

- Gesellschafter, Inhaber
- Unternehmensleitung
- Gläubiger
- Fiskus
- Öffentlichkeit (Arbeitnehmer und Arbeitnehmervertreter, mit dem Unternehmen in direktem oder indirektem Zusammenhang Stehende)

Informationsanforderungen an die Bilanz

Aussagen über die ***Vermögenslage***

- Höhe des Vermögens
- Zusammensetzung des Vermögens
- Veränderungen des Vermögens

FINANZLAGE:

Aussagen über das ***Kapital***

- Höhe des Kapitals
- Zusammensetzung des Kapitals
- Veränderungen des Kapitals

Aussagen über die ***Liquiditätslage***

- Verhältnis der Zahlungsverpflichtungen zu den zum Ausgleich verfügbaren Vermögensgegenständen
- Veränderungen des Verhältnisses von Zahlungsverpflichtungen und Zahlungsmitteln

Informationsanforderungen gehen i.d.R. über Bilanzaussagen zur Liquidität hinaus !

Aussagen über die ***Ertragslage***

- Höhe des Ergebnisses
- Komponenten des Ergebnisses unter Verwendung der Gewinn- und Verlustrechnung
- Veränderungen des Ergebnisses und seiner Komponenten

Bestandteile, Pflicht zur Aufstellung und Generalnorm des Jahresabschlusses

	Einzelkaufleute und Personengesellschaften*	Kapitalgesellschaften
Bestandteile	☞ ***Bilanz*** ☞ ***Gewinn- und Verlustrechnung***	☞ ***Bilanz*** ☞ ***Gewinn- und Verlustrechnung*** ☞ ***Anhang*** ☞ Ergänzung: Lagebericht
Pflicht zur Aufstellung	„innerhalb der einem ordnungsmäßigen Geschäftsgang entsprechenden Zeit" (§ 243 Abs. 3 HGB)	Grundregel: In den ersten drei Monaten des folgenden Geschäftsjahres Kleine Kapitalgesellschaften: in den ersten sechs Monaten des folgenden Geschäftsjahres, „wenn dies einem ordnungsmäßigen Geschäftsgang entspricht" (§ 264 Abs. 1 HGB)
Generalnorm	„Der Jahresabschluß ist nach den Grundsätzen ordnungsmäßiger Buchführung aufzustellen. Er muß klar und übersichtlich sein." (§ 243 Abs. 1 und 2 HGB)	„Der Jahresabschluß der Kapitalgesellschaft hat unter Beachtung der Grundsätze ordnungsmäßiger Buchführung ***ein den tatsächlichen Verhältnissen entsprechendes Bild der Vermögens-, Finanz- und Ertragslage*** der Kapitalgesellschaft zu vermitteln." Andernfalls sind Zusatzangaben im Anhang erforderlich. (§ 264 Abs. 2 HGB)

* soweit nicht nach § 264a HGB die Vorschriften für Kapitalgesellschaften gelten

Grundsätze ordnungsmäßiger Buchführung (I)

Grundsätze ordnungsmäßiger Buchführung i.w.S.

- Grundsätze ordnungsmäßiger ***Buchführung i.e.S. (Dokumentation)***
- Grundsätze ordnungsmäßiger ***Bilanzierung***

Gewinnung von Grundsätzen ordnungsmäßiger Bilanzierung

Induktive Gewinnung

= Feststellung der Gewohnheiten, Übung oder Ansichten ordentlicher und ehrenwerter Kaufleute

Deduktive Gewinnung

= Ableitung von Grundsätzen aus der Zwecksetzung der Bilanz

Hauptarten von Grundsätzen ordnungsmäßiger Bilanzierung

Allgemeine (obere) Grundsätze ordnungsmäßiger Bilanzierung

= Grundsätze, die für mehrere Posten der Bilanz bzw. der GuV oder für die Bilanz bzw. GuV als Ganzes gelten

Spezielle (untere) Grundsätze ordnungsmäßiger Bilanzierung

= Grundsätze zu einzelnen Posten der Bilanz bzw. der GuV

Grundsätze ordnungsmäßiger Bilanzierung (II)

Rahmengrundsätze

Grundsatz der ***Bilanzwahrheit***

- ☞ getreue und gewissenhafte Rechnungslegung im Rahmen der Rechnungslegungsvorschriften
- ☞ insoweit ***materielle Richtigkeit***, insbes. Vollständigkeit

Grundsatz der ***Bilanzklarheit***

- ☞ ein hinreichend qualifizierter Bilanzleser soll in der Lage sein, sich ein Bild von der Situation des Unternehmens zu machen
- ☞ insoweit ***formelle Richtigkeit***

Abgrenzungsgrundsätze

Realisationsprinzip

- ☞ Nur ***realisierte Erträge*** dürfen im Jahresabschluß ihren Niederschlag finden.

Verursachungsprinzip

- ☞ Verursachte Aufwendungen müssen bereits erfaßt werden, auch wenn sie noch nicht realisiert sind.

Imparitätsprinzip

- ☞ Nur ***realisierte Gewinne*** dürfen, aber bereits verursachte und noch nicht realisierte Verluste müssen im Jahresabschluß ihren Niederschlag finden.

Prinzip der Zuordnung ***periodenübergreifender und leistungsneutraler*** Ausgaben und Einnahmen

- ☞ Zeitraumbezogene Ausgaben und Einnahmen sind zeitanteilig zu verrechnen; leistungsneutrale Ausgaben und Einnahmen sind in der Periode zu verrechnen, in der sie bekannt werden bzw. auf die sie sich beziehen.

Allgemeine Grundsätze ordnungsmäßiger Bilanzierung (II)

Ergänzende Grundsätze

Grundsatz der ***Bilanzverknüpfung***

Grundsatz der ***Bilanzidentität***

- vollkommene Übereinstimmung zwischen der Schlußbilanz einer Periode und der Anfangsbilanz der folgenden Periode
- ***keine Geschäftsvorfälle zwischen den Geschäftsjahren***

Grundsatz der ***Bilanzkontinuität***

- Verknüpfung von jeweils zwei aufeinanderfolgenden Schlußbilanzen in formeller und materieller Hinsicht
- ***Wahrung der Vergleichbarkeit***

Grundsatz der ***Vorsicht***

- Bilanzierungsgrundsatz, der ***den subjektiven Schätzungsspielraum begrenzt***
- Eine allgemeingültige Auslegung des Vorsichtsgrundsatzes in dem Sinne, daß der Vorsicht Vorrang vor der Richtigkeit gebührt, ist nicht vertretbar.
- ***Abgrenzung der Vorsicht gegen die Willkür***

Grundstruktur der Bilanz sowie der GuV

Der ***Ausweis im Jahresabschluß*** bezieht sich auf:

- ***Zuordnung*** zu den Posten
- ***Bezeichnung*** der Posten
- ***Gruppierung*** der Posten
- ***Untergliederung*** der Posten

Grundstruktur der
Bilanz

Liquidierungserwartung
nicht: Liquidierbarkeit

Aktiva	Passiva
A ***Anlagevermögen***	A ***Eigenkapital***
I Immaterielle Vermögensgegenstände	I Gezeichnetes Kapital
II Sachanlagen	II Kapitalrücklage
III Finanzanlagen	III Gewinnrücklagen
B ***Umlaufvermögen***	IV Ergebnisvortrag
I Vorräte	V Jahresergebnis
II Forderungen und sonst. Vermögensgegenstände	B ***Rückstellungen***
III Wertpapiere	C ***Verbindlichkeiten***
IV Scheck, Kasse, Bank	D Rechnungsabgrenzungsposten
C Rechnungsabgrenzungsposten	

erwartete Fälligkeit
nicht: Tilgbarkeit

Prinzip der Gegenüberstellung: Homogenität

Grundstruktur der
Gewinn- und Verlustrechnung

Umsatzerlöse

Ergebnis der gewöhnlichen Geschäftstätigkeit

Außerordentliches Ergebnis

Jahresüberschuß / Jahresfehlbetrag

Bilanzgewinn / Bilanzverlust

Gliederungsvorschriften für Bilanz und GuV

Gesetzliche Normierung der Gliederungsschemata

für alle Kaufleute

faktisch für Einzelunternehmen und Personengesellschaften, soweit für die Personengesellschaften nicht die Vorschriften für Kapitalgesellschaften nach § 264a HGB gelten

§ 247 Abs. 1 HGB fordert ***den gesonderten Ausweis und die hinreichende Aufgliederung von***

- ☞ ***Anlagevermögen***
- ☞ ***Umlaufvermögen***
- ☞ ***Eigenkapital***
- ☞ ***Schulden***
- ☞ ***Rechnungsabgrenzungsposten***

→ Entscheidung über die Gliederung bleibt dem Kaufmann vorbehalten, der dabei gemäß § 243 Abs. 1 HGB die Grundsätze ordnungsmäßiger Buchführung sowie die ***Forderung nach Klarheit und Übersichtlichkeit*** gemäß § 243 Abs. 2 HGB zu beachten hat.

für Kapitalgesellschaften

Es erfolgt eine spezifische Regelung der Gliederung von Bilanz und GuV im wesentlichen durch

- § 265 HGB: Allgemeine Grundsätze für die Gliederung
- § 266 HGB: Gliederung der Bilanz
- § 275 HGB: Gliederung der GuV
- § 152 AktG: Vorschriften zur Bilanz
- § 158 AktG: Vorschriften zur GuV
- § 42 GmbHG: Vorschriften zur Bilanz

Gesetzliche Ausweisgrundsätze für Bilanz sowie GuV der Kapitalgesellschaften (I)

Allgemeine Grundsätze für die Gliederung

1. Die ***Gliederung der aufeinanderfolgenden Bilanzen und GuV*** ist beizubehalten, soweit nicht in Ausnahmefällen wegen besonderer Umstände Abweichungen erforderlich sind (§ 265 Abs. 1 HGB).

2. Zu jedem Posten ist in der Bilanz sowie in der GuV der ***entsprechende Vorjahresbetrag*** anzugeben (§ 265 Abs. 2 HGB). Zur Sicherung der Vergleichbarkeit ist erforderlichenfalls ***der Vorjahresbetrag anzupassen*** (mit Angabe im Anhang).

3. Fällt ein Vermögensgegenstand oder eine Schuld unter mehrere Posten der Bilanz, so ist die ***Mitzugehörigkeit zu vermerken,*** wenn dies zur Aufstellung eines klaren und übersichtlichen Jahresabschlusses erforderlich ist (§ 265 Abs. 3 HGB).

4. Der Jahresabschluß ist bei Existenz mehrerer Geschäftszweige ***nach den Gliederungsvorschriften für einen Geschäftszweig*** aufzustellen und entsprechend den Gliederungsvorschriften der anderen Geschäftszweige zu ergänzen (§ 265 Abs. 4 HGB).

Gesetzliche Ausweisgrundsätze für Bilanz sowie GuV der Kapitalgesellschaften (II)

Allgemeine Grundsätze für die Gliederung

5. Eine ***weitere Untergliederung*** der Posten ist zulässig; dabei ist jedoch die vorgeschriebene Gliederung zu beachten.
   Neue Posten dürfen hinzugefügt werden, wenn ihr Inhalt nicht von einem vorgeschriebenen Posten gedeckt wird (§ 265 Abs. 5 HGB), z.B. ***vermietete Gegenstände***.

6. ***Gliederung und Bezeichnung der mit arabischen Zahlen*** versehenen Posten der Bilanz und der GuV ***sind zu ändern***, wenn dies wegen Besonderheiten der Kapitalgesellschaft zur Aufstellung eines klaren und übersichtlichen Jahresabschlusses erforderlich ist (§ 265 Abs. 6 HGB), z.B. ***Dienstleistungsunternehmen***.

7. Die mit ***arabischen Zahlen*** versehenen Posten der Bilanz und der GuV können ***zusammengefaßt*** ausgewiesen werden, wenn nicht besondere Formblätter vorgeschrieben sind und
   - ☞ wenn sie einen Betrag enthalten, der für die Vermittlung eines den tatsächlichen Verhältnissen entsprechenden Bildes nicht erheblich ist, oder
   - ☞ wenn dadurch die Klarheit der Darstellung vergrößert wird (jedoch gesonderter Ausweis im Anhang), z.B. ***Vermögensgruppen***

   (§ 265 Abs. 7 HGB).

Gesetzliche Ausweisgrundsätze für Bilanz sowie GuV der Kapitalgesellschaften (III)

Allgemeine Grundsätze für die Gliederung

8. Ein ***Leerposten*** der Bilanz oder der GuV braucht nicht aufgeführt zu werden, es sei denn, daß im vorhergehenden Geschäftsjahr unter diesem Posten ein Betrag ausgewiesen wurde (§ 265 Abs. 8 HGB).

9. Die Bilanz ist in ***Kontoform*** aufzustellen (§ 266 Abs. 1 Satz 1 HGB).

10. ***Große und mittelgroße*** Kapitalgesellschaften haben die in ***§ 266 Abs. 2 und 3 HGB*** bezeichneten Posten gesondert und in der vorgeschriebenen Reihenfolge auszuweisen (§ 266 Abs. 1 Satz 2 HGB).

11. ***Kleine*** Kapitalgesellschaften brauchen lediglich eine ***verkürzte Bilanz*** aufzustellen, in die nur die in § 266 Abs. 2 und 3 HGB mit ***Buchstaben und römischen Zahlen*** bezeichneten Posten aufgenommen werden (§ 266 Abs. 1 Satz 3 HGB).

Für Einzelkaufleute und Personengesellschaften bestehen keine ausdrücklichen Gliederungsgrundsätze und Mindestgliederungen; ausgenommen sind Personengesellschaften nach § 264a HGB, für welche die Vorschriften für Kapitalgesellschaften gelten.

Gliederung der Bilanz gemäß § 266 HGB

Aktivseite

A. Anlagevermögen

I. Immaterielle Vermögensgegenstände

1. Konzessionen, gewerbliche Schutzrechte und ähnliche Rechte und Werte sowie Lizenzen an solchen Rechten und Werten;
2. Geschäfts- oder Firmenwert;
3. geleistete Anzahlungen;

II. Sachanlagen

1. Grundstücke, grundstücksgleiche Rechte und Bauten einschließlich der Bauten auf fremden Grundstücken;
2. technische Anlagen und Maschinen;
3. andere Anlagen, Betriebs- und Geschäftsausstattung;
4. geleistete Anzahlungen und Anlagen im Bau;

III. Finanzanlagen

1. Anteile an verbundenen Unternehmen;
2. Ausleihungen an verbundene Unternehmen;
3. Beteiligungen;
4. Ausleihungen an Unternehmen, mit denen ein Beteiligungsverhältnis besteht;
5. Wertpapiere des Anlagevermögens;
6. sonstige Ausleihungen;

B. Umlaufvermögen

I. Vorräte

1. Roh-, Hilfs- und Betriebsstoffe;
2. unfertige Erzeugnisse, unfertige Leistungen;
3. fertige Erzeugnisse und Waren;
4. geleistete Anzahlungen;

II. Forderungen und sonstige Vermögensgegenstände

1. Forderungen aus Lieferungen und Leistungen;
2. Forderungen gegen verbundene Unternehmen;
3. Forderungen gegen Unternehmen, mit denen ein Beteiligungsverhältnis besteht;
4. sonstige Vermögensgegenstände;

III. Wertpapiere

1. Anteile an verbundenen Unternehmen;
2. eigene Anteile;
3. sonstige Wertpapiere;

IV. Schecks, Kassenbestand, Bundesbank- und Postgiroguthaben, Guthaben bei Kreditinstituten

C. Rechnungsabgrenzungsposten

Passivseite

A. Eigenkapital

I. Gezeichnetes Kapital

II. Kapitalrücklage

III. Gewinnrücklagen

1. gesetzliche Rücklage;
2. Rücklage für eigene Anteile;
3. satzungsmäßige Rücklagen;
4. andere Gewinnrücklagen;

IV. Gewinnvortrag/Verlustvortrag*

V. Jahresüberschuß/Jahresfehlbetrag*

*B. Rückstellungen***

1. Rückstellungen für Pensionen und ähnliche Verpflichtungen;
2. Steuerrückstellungen;
3. sonstige Rückstellungen;

C. Verbindlichkeiten

1. Anleihen, davon konvertibel;
2. Verbindlichkeiten gegenüber Kreditinstituten;
3. erhaltene Anzahlungen auf Bestellungen;
4. Verbindlichkeiten aus Lieferungen und Leistungen;
5. Verbindlichkeiten aus der Annahme gezogener Wechsel und der Ausstellung eigener Wechsel;
6. Verbindlichkeiten gegenüber verbundenen Unternehmen;
7. Verbindlichkeiten gegenüber Unternehmen, mit denen ein Beteiligungsverhältnis besteht;
8. sonstige Verbindlichkeiten, davon aus Steuern, davon im Rahmen der sozialen Sicherheit.

D. Rechnungsabgrenzungsposten

*** u.U.Bilanzgewinn/-verlust**

**** vor den Rückstellungen ggf. Sonderposten mit Rücklageanteil**

Abgrenzung des Anlagevermögens

Grundsatz:

"Beim Anlagevermögen sind nur die Gegenstände auszuweisen, die bestimmt sind, dauernd dem Geschäftsbetrieb zu dienen."
(§ 247 Abs. 2 HGB)

- " ... bestimmt sind ... "
  objektive Bestimmung durch Gütereinsatz
  hilfsweise Entscheidung durch die Unternehmensführung

- " ... dauernd ... "
  über den Jahreswechsel hinaus

- " ... dem Geschäftsbetrieb zu dienen ... "
  zur eigenen Leistungserstellung; Reserveanlagen und stillgelegte Anlagen gehören dazu;
  keine Güter, die der alsbaldigen Verwertung dienen

- Maßgebend für die Zuordnung sind die Verhältnisse am Abschlußstichtag
  - Änderungen der Zuordnung sind möglich (vgl. Umbuchung)
  - ***ständiger Wechsel ist unzulässig***

Vor dem Anlagevermögen ggf. ausgewiesen werden:

- Ausstehende Einlagen (vgl. Eigenkapital)
- "Aufwendungen für die Ingangsetzung und Erweiterung des Geschäftsbetriebs"

Immaterielle Vermögensgegenstände des Anlagevermögens

1. Konzessionen, gewerbliche Schutzrechte und ähnliche Rechte und Werte sowie Lizenzen an solchen Rechten und Werten

Rechte

- ☞ Konzessionen: durch behördliche Genehmigung verliehenes Recht, z.B. Wassernutzungsrecht
- ☞ gewerbliche Schutzrechte
  1. Patente
  2. Gebrauchsmuster
  3. Geschmacksmuster
  4. Marken
- ☞ sonstige Rechte und Werte, z.B. Wohn- und Belegungsrecht, Verlagsrechte

Lizenzen an Rechten und Werten = Nutzungserlaubnis

Sonstige immaterielle Anlagewerte, z.B. Rezepte, Erfindungen, Know-how, Software

2. ***Geschäfts- oder Firmenwert***

nur: derivativer Geschäfts- oder Firmenwert

"Als Geschäfts- oder Firmenwert darf der Unterschiedsbetrag angesetzt werden, um den die für die Übernahme eines Unternehmens bewirkte Gegenleistung den Wert der einzelnen Vermögensgegenstände des Unternehmens abzüglich der Schulden im Zeitpunkt der Übernahme übersteigt."
(§ 255 Abs. 4 Satz 1 HGB = Bewertungsvorschrift)

3. ***Geleistete Anzahlungen***

Anzahlungen zum Erwerb immaterieller Vermögensgegenstände

Sachanlagen

1. Grundstücke, grundstücksgleiche Rechte und Bauten einschließlich der Bauten auf fremden Grundstücken

- ☞ Ausweis der gesamten Immobilien des Anlagevermögens einschl. der ***wesentlichen Bestandteile***
- ☞ keine Trennung nach Grundstücksarten
- ☞ kein Sonderausweis der grundstücksgleichen Rechte (z.B. ***Erbpacht***, Wohnungsbelegungsrecht, Wegerecht)
- ☞ kein Sonderausweis der Bauten auf fremden Grundstücken trotz der ***Trennung der rechtlichen und wirtschaftlichen Zugehörigkeit***

2. Technische Anlagen und Maschinen

- ☞ Maschinen, maschinelle Anlagen, Rampen
- ☞ Problem der Abgrenzung zu Bauten und Gebäudeeinbauten

3. andere Anlagen, Betriebs- und Geschäftsausstattung

- ☞ Werkstätten- und Büroeinrichtung, Arbeitsgeräte, Werkzeuge, Fahrzeuge
- ☞ Abgrenzung zu technischen Anlagen

4. geleistete Anzahlungen und Anlagen im Bau

- ☞ Anzahlungen für Sachanlagen
- ☞ Trennung der Anzahlungen nicht erforderlich
- ☞ Sammlung von ***Wertverzehr für die Selbsterstellung*** von Sachanlagen ***für spätere Aufwandsverrechnung***

Finanzanlagen (I)

1. Anteile an verbundenen Unternehmen

☞ Anteile = ***Eigenkapitalanteile***
- können, müssen aber nicht verbrieft sein
- keine Mindesthöhe erforderlich

2. Ausleihungen an verbundene Unternehmen

☞ Ausleihungen = ***Finanzkredite*** (Darlehen)
- keine Fristenbedingung
- Abgrenzungsprobleme

Verbundene Unternehmen

☞ als ***Mutter- oder Tochterunternehmen in einen Konzernabschluß einzubeziehende*** Unternehmen (vgl. § 271 Abs. 2 HGB)

☞ ***auf die tatsächliche Einbeziehung in einen Konzernabschluß kommt es nicht an***

☞ vgl. im einzelnen Konzernrechnungslegung

Finanzanlagen (II)

3. Beteiligungen

4. Ausleihungen an Unternehmen, mit denen ein Beteiligungsverhältnis besteht

Beteiligungen

Definition (Haupttatbestand)

"Anteile an anderen Unternehmen, die bestimmt sind, ***dem eigenen Geschäftsbetrieb durch Herstellung einer dauernden Verbindung*** zu jenen Unternehmen zu dienen."
(§ 271 Abs. 1 Satz 1 HGB)

Ersatztatbestand

Als Beteiligung gelten im Zweifel Anteile an einer Kapitalgesellschaft, deren Nennbeträge ***insgesamt 20%*** des Nennkapitals dieser Gesellschaft überschreiten (***widerlegbare Beteiligungsvermutung***).
Schlußfolgerung: ***Anteile an Personengesellschaften sind Beteiligungen.***

Ausnahmeregelung

Mitgliedschaft in einer eingetragenen Genossenschaft gilt nicht als Beteiligung (§ 271 Abs. 1 Satz 5 HGB).

Finanzanlagen (III)

Eine 'dauernde Verbindung' ist anzunehmen, wenn

objektive Merkmale gegeben sind;

Beispiel: Unternehmen nimmt eine Abstimmung des Produktprogramms, Vertriebssystems etc. mit dem Beteiligungsunternehmen vor.

objektive Merkmale fehlen, aber aufgrund der ***Zweckbestimmung*** von einer 'dauernden Verbindung' ausgegangen werden muß;

Beispiel: Anteile werden erworben, um langfristig eine Mehrheitsposition aufzubauen.

Grundsätzlich wird eine 'dauernde Verbindung' bereits dann vorliegen, wenn die Zweckbestimmung ***über die Absicht einer Kapitalanlage gegen angemessene Verzinsung hinausgeht.***

5. Wertpapiere des Anlagevermögens

☞ ***Verbriefte Anteile,*** die keine Beteiligung sind und die nicht zu Unternehmen gehalten werden, zu denen ein Beteiligungsverhältnis besteht oder die verbundene Unternehmen sind.

☞ z.B. Obligationen, Aktien an dritten Unternehmen, Finanztitel der öffentlichen Hand

6. sonstige Ausleihungen

☞ z.B. Darlehen an Arbeitnehmer

Anlagengitter gemäß § 268 Abs. 2 HGB (I)

("Anlagespiegel") ("Horizontalgliederung")

Gegenstand

- ***Darstellung der Entwicklung*** der einzelnen Posten des Anlagevermögens und des Postens 'Aufwendungen für die Ingangsetzung und Erweiterung des Geschäftsbetriebs' (***keine Zusammenfassung*** mehrerer Posten)

Ausweis

- alternativ in der Bilanz oder im Anhang

Anwendung

- Pflicht zur Aufstellung des Anlagengitters gilt nur für Kapitalgesellschaften

Komponenten

- ☞ gesamte Anschaffungs- bzw. Herstellungskosten
- ☞ Zugänge } ***Substanzänderung***
- ☞ Abgänge
- ☞ Abschreibungen des Geschäftsjahres } ***Wertänderung***
- ☞ Zuschreibungen des Geschäftsjahres
- ☞ aufgelaufene Abschreibungen
- ☞ Umbuchungen ***Ausweisänderung***

(Reihenfolge nicht festgelegt)

Anlagengitter nach § 268 Abs. 2 HGB (II)

Komponenten / Gegenstand	***gesamte (historische) Anschaffungs- bzw. Herstellungskosten*** (DM)	Zugänge (DM)	Abgänge (DM)	Umbuchungen (DM)	Zuschreibungen (DM)	***gesamte Abschreibungen (kumuliert)*** (DM)	Rest-Buchwert 31.12. (DM)	Rest-Buchwert Vorjahr (DM)	Abschreibungen des Geschäftsjahrs (DM)
		des Geschäftsjahrs							
Bilanz - Gliederung Aufwendungen für die Ingangsetzung und Erweiterung des Geschäftsbetriebs einzelne Posten des Anlagevermögens	***statistische Darstellung***						***geht in die Bilanzsumme ein***		

Rest-Buchwert Vorjahr und Abschreibungen des Geschäftsjahrs: nicht zwingend Bestandteil des Anlagengitters

Gesamte Anschaffungs- und Herstellungskosten

Grundsatz
ungekürzter Ansatz der ursprünglichen Anschaffungs- bzw. Herstellungskosten, solange die Vermögensgegenstände zum Anlagevermögen gehören

Ansatz der Anschaffungs- bzw. Herstellungskosten für diejenigen Güter, die sich zu Beginn des Geschäftsjahres im Bestand des Unternehmens befinden

Zur Ermittlung der am Bilanzstichtag maßgebenden tatsächlichen Anschaffungs- bzw. Herstellungskosten müssen die Beträge der ersten Spalte um Zugänge, Abgänge und Umbuchungen korrigiert werden

Nachträgliche Anschaffungs- bzw. Herstellungskosten	Nachträgliche Minderungen der Anschaffungs- bzw. Herstellungskosten (z.B. Rabatte)
führen im Folgejahr zu	
Zugängen	Abgängen

Zugang

Jeder tatsächliche ***mengenmäßige Zugang*** von Gegenständen des Anlagevermögens

Zugang immer nur in dem Geschäftsjahr, in dem das Anlagevermögen tatsächlich mengenmäßig erweitert worden ist

Es besteht ***grundsätzlich Aktivierungspflicht*** für jeden tatsächlichen Zugang.

- Ausnahmen
  - Aktivierungsverbot für selbstgeschaffene immaterielle Vermögensgegenstände des Anlagevermögens (§ 248 Abs. 2 HGB)
  - Inanspruchnahme von ***Aktivierungswahlrechten***
  - Anschaffungen von ***bis zu DM 100***

Es wird aus Vereinfachungsgründen unabhängig von der Nutzungsdauer von einer besonderen Erfassung abgesehen, d.h. diese Vermögensgegenstände werden nicht in die Zugangsspalte des Anlagengitters aufgenommen, sondern sofort als Aufwand verrechnet.

Ansatz erfolgt zu ***unverminderten Anschaffungs- bzw. Herstellungskosten***

Im folgenden Geschäftsjahr muß der Zugang zu einer entsprechenden Erhöhung der Anschaffungs- bzw. Herstellungskosten führen (ggf. Sonderregelung für GWG)

Abgang

mengenmäßiges Ausscheiden von Teilen des Anlagevermögens

Grundsatz

- tatsächliche Anschaffungs- bzw. Herstellungskosten in voller Höhe
- Der gesamte Anlagespiegel enthält nur statistische Größen. Der Abgang bezieht sich folglich nicht auf das (Netto-)Vermögen, sondern enthält nach dem Prinzip des Bruttoanlagespiegels den Bruttobetrag der Anschaffungs- bzw. Herstellungskosten des betreffenden Anlagegegenstands.

Alternative Verfahrensweise

- Ausweis des Restbuchwerts am vorangegangenen Abschlußstichtag
- Begründung: Ausweis der Anschaffungs- bzw. Herstellungskosten sowie der aufgelaufenen Abschreibungen hat nur statistischen Charakter;
  der Abgang soll nicht die Verminderung einer statistischen Größe, sondern des Anlagevermögens zeigen.

bewirkt die Anpassung folgender Spalten des Anlagengitters im Folgejahr

- Anschaffungs- bzw. Herstellungskosten
- kumulierte Abschreibungen

Umbuchungen

Regelfall: ***reine Ausweisänderung*** innerhalb des Anlagevermögens

Sonderfälle

- Umgruppierung eines Vermögensgegenstands aus dem Anlagevermögen in das Umlaufvermögen
  - Alternative Erfassung
    - als Umbuchung → ***kein Ausgleich der Umbuchungen***
    - als Abgang → ***Ausgleich der Umbuchungen***
- Umgruppierung eines Vermögensgegenstands aus dem Umlaufvermögen in das Anlagevermögen
  - Alternative Erfassung
    - als Umbuchung → ***kein Ausgleich der Umbuchungen***
    - als Zugang → ***Ausgleich der Umbuchungen***

Ansatz der Umbuchung mit den Anschaffungs- bzw. Herstellungskosten des umgebuchten Vermögensgegenstands

Änderung aufgrund der Umbuchung im nächsten Jahr:

- Anschaffungs- bzw. Herstellungskosten
- ggf. aufgelaufene Abschreibungen

Behandlung geringwertiger Wirtschaftsgüter (*GWG*) im Anlagengitter

GWG: ***Anschaffungs- bzw. Herstellungskosten < DM 800***

Gemäß § 6 Abs. 2 EStG hat der Steuerpflichtige ein Wahlrecht, geringwertige Wirtschaftsgüter im Jahr der Anschaffung oder Herstellung zu aktivieren und entsprechend der betriebsgewöhnlichen Nutzungsdauer abzuschreiben oder im Jahr des Zugangs diese Wirtschaftsgüter sofort in voller Höhe abzuschreiben.

Ausweis bei Sofortabschreibung

- ***Zugang*** mit den tatsächlichen Anschaffungs- bzw. Herstellungskosten
- Sofortabschreibung = ***Abschreibungen des Geschäftsjahrs***
- ab Folgejahr: kumulierte Abschreibungen
- Die historischen Anschaffungs- bzw. Herstellungskosten und die kumulierten Abschreibungen sind ***bis zum mengenmäßigen Ausscheiden*** im Anlagengitter auszuweisen.

Zulässige vereinfachte Ausweisalternative ***(Praxis)***

- Im Jahr des Zugangs wird mit der Sofortabschreibung der geringwertigen Wirtschaftsgüter auch deren sofortiger Abgang unterstellt; Fiktion des mengenmäßigen Ausscheidens. (vgl. dazu BT-DS 10/4268, S. 105)
- Im Jahr der Anschaffung bzw. Herstellung:
  Zugang und Abgang in Höhe der Anschaffungs- bzw. Herstellungskosten;
  die anderen Spalten werden nicht berührt

Festbewertung im Anlagengitter

Festbewertung: Vgl. § 240 Abs. 3 HGB

Beibehaltung des Werts eines Bestands an Anlagegütern über drei Jahre, wenn der Bestand in seiner ***Größe***, seinem ***Wert*** und seiner ***Zusammensetzung*** nur geringen Veränderungen unterliegt.

Grundsatz:
- Bei unverändertem Festwert wird unterstellt, daß sich Zu- und Abgang ausgleichen.
- ***Zugänge werden unter Umgehung des Anlagengitters als Aufwand verrechnet.***

Erhöhung des Festwerts

Anwendung: Erhöhung nach vorausgegangener körperlicher Bestandsaufnahme

Wirkung auf Anschaffungs- bzw. Herstellungskostenausweis: Erhöhung um die Anschaffungs- bzw. Herstellungskosten der aktivierten Vermögensgegenstände

Wirkung auf Zugang: Ausweis der Anschaffungs- bzw. Herstellungskosten der zusätzlich aktivierten Vermögensgegenstände ***(Nachaktivierung)***

Wirkung auf die Abschreibung des Geschäftsjahres: Erhöhung um die ***Abschreibung auf die zusätzlich aktivierten Vermögensgegenstände*** (z.B. 50%)

Wirkung auf die kumulierte Abschreibung: Erhöhung um die Abschreibung auf die zusätzlich aktivierten Vermögensgegenstände

Vorräte

1. Roh-, Hilfs- und Betriebsstoffe

- ☞ Roh- und Hilfsstoffe, ***auch Komponenten und Zukaufteile,*** gehen in das Produkt ein; Betriebsstoffe dienen dem Produktionsprozeß
- ☞ sind ***fremdbezogen*** (→ ***Anschaffungskosten***)
- ☞ müssen nicht weiter aufgegliedert werden

2. Unfertige Erzeugnisse, unfertige Leistungen

- ☞ haben dem Prozeß der Leistungserstellung bereits unterlegen
- ☞ müssen noch weiter be- oder verarbeitet werden
- ☞ in ihnen sind bereits ***produktionsbedingte Gemeinkosten*** enthalten
- ☞ Abgrenzungsproblem bei ***Ersatzteillieferung***
- ☞ Sonderform bei Dienstleistungen
- ☞ ***Herstellungskosten nach Fertigungsgrad***

3. Fertige Erzeugnisse und Waren

- ☞ sind ohne weitere Be- oder Verarbeitung zum Verkauf bestimmt
- ☞ kein getrennter Ausweis von Fertigerzeugnissen (aus eigener Produktion) und Waren (Zukaufgüter) erforderlich (Bewertung und Ausweis des Aufwands in der Gewinn- und Verlustrechnung beachten!)

Herstellungs- bzw. Anschaffungskosten

4. Geleistete Anzahlungen

- ☞ Anzahlungen des Unternehmens für Güter oder Dienstleistungen, die nach Erhalt nicht in das Anlagevermögen eingehen
- ☞ ***Vorleistungen für Vorräte*** (schwebende Beschaffungsgeschäfte)

Forderungen und sonstige Vermögensgegenstände

1. Forderungen aus Lieferungen und Leistungen

- Folge von Verkäufen auf Ziel ***(vgl. Umsatzerlöse!)***
- Ausweis unabhängig von Vertragsart, Art der Geschäftspartner, Sicherheit, Fristigkeit ***(Nr. 2 und 3 gehen Nr. 1 vor)***
- einschließlich der ***Wechsel zur Forderungssicherung***
- Vermerk des Betrags mit einer ***Restlaufzeit von mehr als einem Jahr***

2. Forderungen gegen verbundene Unternehmen

3. Forderungen gegen Unternehmen, mit denen ein Beteiligungsverhältnis besteht

- Zu verbundenen Unternehmen bzw. Beteiligungsverhältnis vgl. Anlagevermögen III 1 bzw. III 3
- Forderungen aus jeder Art von Verkäufen und Dienstleistungen einschl. evtl. Konzernumlagen
- keine Aufgliederung nach Vertragspartnern innerhalb des jeweiligen Postens
- einschließlich der Wechsel zur Forderungssicherung
- Vermerk des Betrags mit einer Restlaufzeit von mehr als einem Jahr in jedem Posten

4. Sonstige Vermögensgegenstände

- Vermögensgegenstände, für die kein gesonderter Ausweis verlangt wird
- Hauptsächlich Steuererstattungs-, Schadensersatz- und sonstige Ansprüche ***(z.B. auch Rückdeckungsversicherung)***, Gegenstände, die ursprünglich im Anlagevermögen auszuweisen waren

Vermögensposten der Finanzmittel (I)

III Wertpapiere ***(Sammelbezeichnung)***

1. Anteile an verbundenen Unternehmen ***(nicht zwingend verbrieft)***

- ☞ zu verbundenen Unternehmen vgl. Anlagevermögen III 1
- ☞ zu Anteilen vgl. Anlagevermögen III 1
- ☞ im Umlaufvermögen nicht dazu bestimmt, dauernd dem Geschäftsbetrieb zu dienen, sondern vorübergehende, zinsbringende Anlage nicht benötigter liquider Mittel

2. Eigene Anteile

Aktiengesellschaften ist der Erwerb eigener Aktien nur gestattet,

1. wenn der Erwerb notwendig ist, um einen schweren, unmittelbar bevorstehenden Schaden von der Gesellschaft abzuwenden
2. wenn die Aktien den Arbeitnehmern der Gesellschaft oder eines mit ihr verbundenen Unternehmens zum Erwerb angeboten werden sollen
3. wenn der Erwerb geschieht, um Aktionäre abzufinden
4. wenn der Erwerb unentgeltlich geschieht oder ein Kreditinstitut mit dem Erwerb eine Einkaufskommission ausführt
5. durch Gesamtrechtsnachfolge
6. auf Grund eines Beschlusses der Hauptversammlung zur Einziehung nach den Vorschriften über die Herabsetzung des Grundkapitals
7. wenn sie ein Kreditinstitut o.ä. aufgrund eines Hauptversammlungsbeschlusses zum Zwecke des Wertpapierhandels erwirbt
8. wenn sich der Erwerb aufgrund einer Ermächtigung der Hauptversammlung auf bis 10% des Grundkapitals beläuft

Nach Nr. 1 bis 3, 7 und 8 erworbene Aktien dürfen zusammen mit dem bereits vorhandenen Bestand 10% des Grundkapitals nicht übersteigen (§ 71 Abs. 1 und 2 AktG)

Rechte aus den eigenen Anteilen ruhen!

Vermögensposten der Finanzmittel (II)

GmbH ist der Erwerb eigener Geschäftsanteile nur gestattet

- wenn die Einlagen voll geleistet sind
- sofern der Erwerb aus dem über den Betrag des Stammkapitals hinaus vorhandenen Vermögen geschehen kann

Aktiengesellschaften und GmbH ist der Erwerb eigener Anteile nur gestattet, wenn sie in gleicher Höhe eine Rücklage bilden können, ohne das Nennkapital oder die Pflicht-Rücklagen zu mindern.

3. Sonstige Wertpapiere

- ☞ keine Schecks
- ☞ müssen verbrieft sein (Obligationen, Aktien) ***(keine GmbH-Anteile)***
- ☞ nur vorübergehende Kapitalanlage zur Ertragserzielung; Wertpapiere müssen jederzeit veräußerbar sein
- ☞ Zins- und Dividendenscheine sind mit auszuweisen, soweit sie bereits fällig sind.

Vermögensposten der Finanzmittel (III)

IV Schecks, Kassenbestand, Bundesbankguthaben, Guthaben bei Kreditinstituten

- Schecks
  - ☞ Nach den Vorschriften des Scheckgesetzes beurkundete Zahlungsverpflichtungen Dritter
  - ☞ Frage des Verhältnisses zu den Forderungen (kein Doppelausweis)
- Kassenbestand, Bundesbankguthaben
  - ☞ Sämtliche Barbestände an ***inländischer und ausländischer Währung*** in ***Haupt- und Nebenkassen***
  - ☞ Bestände an Wertmarken (Brief- und Beitragsmarken)
- Guthaben bei Kreditinstituten
  - ☞ sämtliche Guthaben bei in- und ausländischen Kreditinstituten unabhängig von Verzinsung, Fristigkeit (bei Festgeldern Sonderausweis, wenn wirtschaftlich keine Möglichkeit besteht, vorzeitig über die Beträge zu verfügen)
  - ☞ eingeräumte, aber nicht in Anspruch genommene Kredite (Kreditlinien) ***bewirken keinen Ansatz***
- kein getrennter Ausweis erforderlich

Gezeichnetes Kapital

Definition
"... Kapital, auf das ***die Haftung der Gesellschafter*** für die Verbindlichkeiten der Kapitalgesellschaft gegenüber den Gläubigern ***beschränkt*** ist." (§ 272 Abs. 1 Satz 1 HGB)

Formen	
AG	GmbH
Grundkapital	***Stammkapital***

- ☞ einheitliche Benennung in der Bilanz als "gezeichnetes Kapital"
- ☞ satzungsmäßig und durch Eintragung in das Handelsregister festgelegt
- ☞ muß ***mit dem vollen Nennbetrag*** ausgewiesen werden, selbst wenn
    - noch nicht in voller Höhe eingezahlt (ausstehende Einlagen)
    - sich Anteile der Gesellschaft in ihrem Eigentum befinden
    - das Nennkapital schon teilweise verloren ist (→Verlustausweis)

Vermerkpflichten der AG

- ☞ Gesamtnennbeträge jeder ***Aktiengattung***
- ☞ Nennbetrag des ***bedingten Kapitals***

> "bedingtes Kapital":
>
> "Die Hauptversammlung kann eine Erhöhung des Grundkapitals beschließen, die nur so weit durchgeführt werden soll, wie von einem Umtausch- oder Bezugsrecht Gebrauch gemacht wird, das die Gesellschaft auf die neuen Aktien (Bezugsaktien) einräumt (bedingte Kapitalerhöhung)."
> (§ 192 Abs. 1 AktG)

Alternativen des Ausweises nicht eingeforderter ausstehender Einlagen auf das gezeichnete Kapital

Alternative I (§ 272 Abs. 1 Satz 2 HGB)

Aktiva	Vsp.	Hsp.	Passiva	Vsp.	Hsp.
Ausstehende Einlagen auf das gezeichnete Kapital		250	A. Eigenkapital ***I. Gezeichnetes Kapital***		1.000
- davon eingefordert	100				
oder					
Ausstehende Einlagen auf das gezeichnete Kapital					
- eingefordert	100				
- nicht eingefordert	150	250			
A. Anlagevermögen					

Alternative II (§ 272 Abs. 1 Satz 3 HGB)

Aktiva	Vsp.	Hsp.	Passiva	Vsp.	Hsp.
B. Umlaufvermögen			A. Eigenkapital I. Gezeichnetes Kapital	1.000	
II. Forderungen und sonstige Vermögensgegenstände			- davon nicht eingeforderte ausstehende Einlagen	150	
4. Eingeforderte ausstehende Einlagen auf das gezeichnete Kapital		100	***Eingefordertes Kapital***		850

Kennzeichnung der offenen Rücklagen

Wesen offener Rücklagen

- ☞ ***Kapitalrücklage***, keine ***Vermögensrücklage***
- ☞ ***kein Ausdruck in Reserve gehaltener liquider Mittel***
- ☞ noch nicht individualisierte Ansprüche der Eigenkapitalgeber an das Vermögen der Gesellschaft
- ☞ ***im wesentlichen: Aufgeld und Ergebnisverwendung***

Zweck offener Rücklagen

Variabler Ausgleichsposten bei festem Nennkapital

Arten offener Rücklagen

(II) ***Kapitalrücklage***

(III) ***Gewinnrücklagen***

1. Gesetzliche Rücklage (nicht bei GmbH)
2. Rücklage für eigene Anteile
3. Satzungsmäßige Rücklagen
4. Andere Gewinnrücklagen

Gewinnrücklagen = „die im Geschäftsjahr oder in einem früheren Geschäftsjahr aus dem Ergebnis gebildet worden sind.“ (§ 272 Abs. 3 Satz 1 HGB)

Die Kapitalrücklage

Kapitalrücklage
= *alle Gesellschaftereinlagen, die nicht gezeichnetes Kapital sind*

- „Betrag, der ***bei der Ausgabe von Anteilen*** einschließlich von Bezugsanteilen über den Nennbetrag ... hinaus erzielt wird" (§ 272 Abs. 2 Nr. 1 HGB) ***(Agio bzw. Aufgeld)***
- „Betrag, der bei der Ausgabe von Schuldverschreibungen für Wandlungsrechte und Optionsrechte zum Erwerb von Anteilen erzielt wird" (§ 272 Abs. 2 Nr. 2 HGB)
- „Betrag von ***Zuzahlungen***, die Gesellschafter **gegen Gewährung *eines Vorzugs für ihre Anteile*** leisten" (§ 272 Abs. 2 Nr. 3 HGB)
- „Betrag von anderen Zuzahlungen, die Gesellschafter in das Eigenkapital leisten" (§ 272 Abs. 2 Nr. 4 HGB)
  - z.B. Zuschüsse der Gesellschafter ***zum Ausgleich eines Bilanzverlusts***
- ***Eingefordertes Nachschußkapital*** in Höhe der unter den Forderungen aktivierten „Eingeforderten Nachschüsse" (§ 42 Abs. 2 Satz 3 GmbHG)

„Einstellungen in die Kapitalrücklage und deren Auflösung sind bereits bei der Aufstellung der Bilanz vorzunehmen." (§ 270 Abs. 1 HGB)

Gewinnrücklagen (I)

Gesetzliche Rücklage

Bildung gesetzlicher Rücklage

Nach § 150 Abs. 2 AktG muß in die gesetzliche Rücklage eingestellt werden: ***"der zwanzigste Teil des um einen Verlustvortrag aus dem Vorjahr geminderten Jahresüberschusses ..., bis die gesetzliche Rücklage und die Kapitalrücklagen nach § 272 Abs. 2 Nr. 1 bis 3 des Handelsgesetzbuchs zusammen den zehnten oder den in der Satzung bestimmten höheren Teil des Grundkapitals erreichen."***

Die Hauptversammlung darf gem. § 58 Abs. 3 Satz 1 AktG im Beschluß über die Verwendung des Bilanzgewinns weitere Beträge in die gesetzliche Rücklage einstellen.

Auflösung gesetzlicher Rücklage

Die gesetzliche Rücklage darf nur verwendet werden:

a) falls sie zusammen mit den Kapitalrücklagen 10% des Grundkapitals oder den in der Satzung bestimmten höheren Teil des Grundkapitals nicht erreichen:

"1. zum ***Ausgleich eines Jahresfehlbetrags***, soweit er nicht durch einen Gewinnvortrag aus dem Vorjahr gedeckt ist und nicht durch Auflösung anderer Gewinnrücklagen ausgeglichen werden kann;
2. zum ***Ausgleich eines Verlustvortrags*** aus dem Vorjahr, soweit er ... nicht durch Auflösung anderer Gewinnrücklagen ausgeglichen werden kann." (§ 150 Abs. 3 AktG)

b) falls sie zusammen mit den Kapitalrücklagen 10% des Grundkapitals oder den in der Satzung bestimmten höheren Teil des Grundkapitals übersteigt, und zwar mit dem übersteigenden Betrag

"1. zum ***Ausgleich eines Jahresfehlbetrags***, soweit er nicht durch einen Gewinnvortrag aus dem Vorjahr gedeckt ist;
2. zum **Ausgleich eines Verlustvortrags** aus dem Vorjahr, soweit er nicht durch einen Jahresüberschuß gedeckt ist;
3. zur ***Kapitalerhöhung aus Gesellschaftsmitteln*** nach §§ 207 bis 220." (§ 150 Abs. 4 Satz 1 AktG)
(= Ausgabe von "Gratis"-Aktien)

"Die Verwendung nach den Nummern 1 und 2 ist nicht zulässig, wenn gleichzeitig Gewinnrücklagen zur Gewinnausschüttung aufgelöst werden." (§ 150 Abs. 4 Satz 2 AktG) (betrifft die Auflösung von anderen Gewinnrücklagen)

Gewinnrücklagen (II)

Rücklage für eigene Anteile (§ 272 Abs. 4 HGB)

- Betrag, der dem auf der Aktivseite der Bilanz ***für die eigenen Anteile*** anzusetzenden Betrag entspricht
- Bildung zu Lasten eines Bilanzgewinns oder aus vorhandenen, frei verfügbaren Gewinnrücklagen
- Auflösung nur bei Ausgabe, Veräußerung oder Einzug der eigenen Anteile
- Reduzierung bei Abwertung der eigenen Anteile gem. § 253 Abs. 3 HGB
- Ausweis „auch für Anteile eines herrschenden oder eines mit Mehrheit beteiligten Unternehmens"
- Bildung und Auflösung erfolgen durch Vorstand bzw. Geschäftsführer bei Aufstellung der Bilanz

Satzungsmäßige Rücklagen

- Rücklagen, zu deren Bildung die Gesellschaft aufgrund von Satzung oder Gesellschaftsvertrag verpflichtet ist
- an den ***Satzungszweck*** gebundene Rücklagen

Gewinnrücklagen (III)

Andere Gewinnrücklagen

Regelung für ***Aktiengesellschaften***

Normalfall: Vorstand und Aufsichtsrat stellen den Jahresabschluß fest

Zuführung zu Rücklagen

1. durch den Vorstand bis maximal 50% des Jahresüberschusses (nach vorheriger Zuführung zu gesetzlicher Rücklage und evtl. Verlustausgleich)
   Satzung kann höheren oder niedrigeren Prozentsatz festlegen, der jedoch nicht wirkt, wenn andere Gewinnrücklagen ≥50% des Grundkapitals (§ 58 Abs. 2 AktG)
2. durch Hauptversammlung mit Beschluß über die Verwendung des Bilanzgewinns ohne Limitierung (§ 58 Abs. 3 AktG)

Auflösung der Rücklagen

Nur durch Vorstand ***ohne Begrenzung des Verwendungszwecks***

Sonderfall: Hauptversammlung stellt Jahresabschluß fest

Zuführung zu Rücklagen

1. bei Feststellung des Jahresabschlusses nur aufgrund einer Satzungsbestimmung bis max. 50% des Jahresüberschusses (abzüglich der in die gesetzliche Rücklage einzustellenden und für Ausgleich eines Verlustvortrags erforderlichen Beträge) (§ 58 Abs. 1 AktG)
2. bei Gewinnverwendung ohne Limitierung (§ 58 Abs. 3 AktG)

Auflösung der Rücklagen

ohne Begrenzung des Verwendungszwecks

Regelung für ***GmbH***

„Im Beschluß über die Verwendung des Ergebnisses können die Gesellschafter, wenn der Gesellschaftsvertrag nichts anderes bestimmt, Beträge in Gewinnrücklagen einstellen". (§ 29 Abs. 2 GmbHG)

Gewinn-/Verlustvortrag und Jahresüberschuß/-fehlbetrag (I)

Der Ausweis der Posten Gewinn-/Verlustvortrag und Jahresüberschuß/-fehlbetrag ist abhängig vom Aufstellungszeitpunkt der Bilanz

Aufstellungszeitpunkt der Bilanz

- ***vor erfolgter*** Jahresergebnisverwendung
- ***nach teilweiser*** Jahresergebnisverwendung
- ***nach vollständiger*** Jahresergebnisverwendung

1. Aufstellung der Bilanz vor erfolgter Jahresergebnisverwendung

Gewinnvortrag/Verlustvortrag und Jahresüberschuß/Jahresfehlbetrag sind als gesonderte Größen unter dem Eigenkapital auszuweisen (§ 266 Abs. 3 A IV und V HGB)
= noch keine Rücklagenzuführung oder -auflösung

Gewinn-/Verlustvortrag und Jahresüberschuß/-fehlbetrag (II)

2. Aufstellung der Bilanz nach teilweiser Jahresergebnisverwendung	3. Aufstellung der Bilanz nach vollständiger Jahresergebnisverwendung
z.B. Einstellung in oder Auflösung von Rücklagen	***z.B. Ergebnisabführungsvertrag***
☞ an die Stelle der Posten Gewinnvortrag/Verlustvortrag und Jahresüberschuß/Jahresfehlbetrag tritt der Posten Bilanzgewinn/Bilanzverlust (§ 268 Abs. 1 Satz 2 HGB) als Unterkategorie des Eigenkapitals	☞ der Posten Jahresüberschuß/ Jahresfehlbetrag entfällt
☞ ein vorhandener Gewinn- oder Verlustvortrag ist in der Bilanz oder im Anhang gesondert anzugeben	☞ ein vorhandener Gewinn- oder Verlustvortrag bleibt bestehen

↓ ↓

In beiden Fällen erfolgen Entnahmen aus den Kapital- und Gewinnrücklagen sowie Einstellungen in die Gewinnrücklagen, die nach Gesetz, Satzung bzw. Gesellschaftsvertrag vorzunehmen oder aufgrund solcher Vorschriften beschlossen worden sind, bereits bei der Aufstellung der Bilanz (§ 270 Abs. 2 HGB)

Nicht durch Eigenkapital gedeckter Fehlbetrag
Nach § 268 Abs. 3 HGB ist ein Verlustvortrag und Jahresfehlbetrag aktiv anzusetzen, ***soweit er das gezeichnete Kapital und die Rücklagen übersteigt (= bilanzielle Überschuldung)***

Sonderposten mit Rücklageanteil

Regelung für alle Kaufleute außer Kapitalgesellschaften

- § 247 Abs. 3 Satz 1 HGB: ***"Passivposten, die für Zwecke der Steuern vom Einkommen und vom Ertrag zulässig sind***, dürfen in der Bilanz gebildet werden."
- § 247 Abs. 3 Satz 2 HGB: "Sie sind als Sonderposten mit Rücklageanteil auszuweisen und nach Maßgabe des Steuerrechts aufzulösen."

Regelung für Kapitalgesellschaften

- § 273 Satz 1 HGB: "Der Sonderposten mit Rücklageanteil (§ 247 Abs. 3) darf nur insoweit gebildet werden, als das Steuerrecht die Anerkennung des Wertansatzes bei der steuerrechtlichen Gewinnermittlung davon abhängig macht, daß der Sonderposten in der Bilanz gebildet wird." ***(Umgekehrte Maßgeblichkeit)***
- § 273 Satz 2, 1. Halbsatz HGB: "Er ist auf der Passivseite vor den Rückstellungen auszuweisen".

Inhalt des Sonderpostens

- ***Eigenkapital*** und ***Steuerrückstellung,*** z.B. steuerfreie Rücklage nach § 6b Abs. 3 EStG zur Übertragung aufgelöster stiller Reserven auf Ersatzwirtschaftsgüter
- Steuerliche Wertberichtigung

Steuerliche Wertberichtigung im Sonderposten mit Rücklageanteil

1. ***Methodenwahlrecht*** bei steuerlichen Abschreibungen

   bilanziell:
   - direkte Abschreibung oder
   - indirekte Abschreibung (Wertberichtigung) (§ 281 Abs. 1 Satz 1 HGB)

   buchhalterisch: kontenmäßige Erfassung der Abschreibung ist nicht gesetzlich vorgegeben

2. Wenn (steuerliche) Wertberichtigung gebildet wird, dann Einstellung in Sonderposten mit Rücklageanteil;

   = ***steuerrechtliche "Mehr"-Abschreibung***

3. ***Auflösung des Sonderpostens*** mit Rücklageanteil:

   a) nach Maßgabe der steuerrechtlichen Vorschriften

   b) „insoweit..., als die Vermögensgegenstände, für die sie (= Wertberichtigung) gebildet worden ist, aus dem Vermögen ausscheiden oder die steuerrechtliche Wertberichtigung durch handelsrechtliche Abschreibungen ersetzt wird." (§ 281 Abs. 1 Satz 3 HGB)

   - erfolgswirksame Auflösung
   - Neutralisierung durch Aufwandsverrechnung

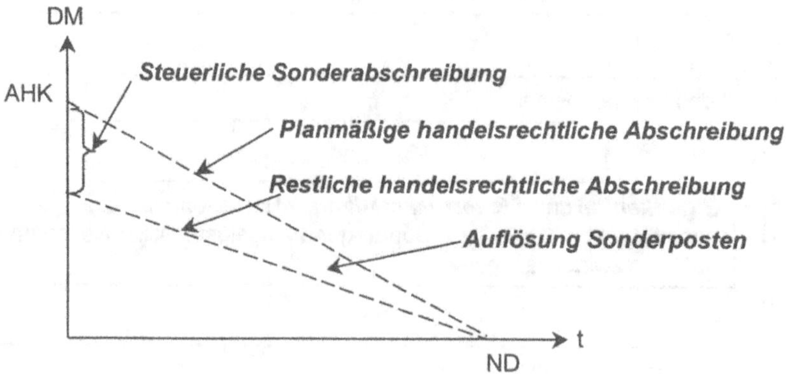

Rückstellungen

Kennzeichnung der Rückstellungen

Rückstellungen dienen der Erfassung

- von ***Aufwendungen und Verlusten***, die am Bilanzstichtag dem Grunde, aber nicht der Höhe nach bestimmt sind,
- von ***Verbindlichkeiten und Lasten***, die am Bilanzstichtag bereits bestehen, sich aber dem Betrag nach nicht genau bestimmen lassen oder deren Bestehen zweifelhaft ist.
- ***betr. Gewinnentstehung***

Rückstellungsarten und Ausweis

Bilanzausweis nach § 266 Abs. 3 HGB

1. Rückstellungen für Pensionen und ähnliche Verpflichtungen
2. Steuerrückstellungen
3. sonstige Rückstellungen

Rückstellungsarten nach § 249 HGB

Pflicht:

- ***ungewisse Verbindlichkeiten***
- ***drohende Verluste aus schwebenden Geschäften***
- im Geschäftsjahr unterlassene Aufwendungen für Instandhaltung, die im folgenden Geschäftsjahr innerhalb von drei Monaten nachgeholt werden
- Abraumbeseitigung, die im folgenden Geschäftsjahr nachgeholt wird
- Gewährleistungen ohne rechtliche Verpflichtung

Wahl:

- im Geschäftsjahr unterlassene, im nächsten Geschäftsjahr nach Ablauf von drei Monaten nachzuholende Instandhaltung
- sog. ***sonstige Aufwandsrückstellungen***

- ***Verbot der Rückstellungen für weitere Zwecke***

Rückstellungen für drohende Verluste aus schwebenden Geschäften

Schwebendes Geschäft i.S.v. § 249 Abs. 1 Satz 1 HGB

Definition: ***Vertrag, der noch von keiner Seite erfüllt ist!***
(Anzahlung ist keine Erfüllung)

Arten: Unterscheidung nach der Richtung

- ***Anschaffungsgeschäfte***
- ***Veräußerungsgeschäfte***

Unterscheidung nach der Wirkungsdauer

- ***Einzelverträge***
- ***Dauerschuldverhältnisse***

(z.B. Miet-, Stromlieferungs-, Leasing-, Arbeitsverträge)

Drohender Verlust i.S.v. § 249 Abs. 1 Satz 1 HGB

☞ aus der Sicht ***des Bewertungsstichtags***

☞ im Hinblick auf die ***noch nicht erbrachte Leistung***

☞ Mißverhältnis zwischen
- bei Anschaffungsgeschäften: Wert der noch abzunehmenden Leistung und der dafür noch zu erbringenden Leistung (ggf. Anschaffungskosten)
- bei Veräußerungsgeschäften: Kosten der noch zu erbringenden Leistung (***Vollkosten, Teilkosten*** nur im Fall freier Kapazitäten) und vereinbartem Verkaufspreis

Rückstellungen für drohende Verluste aus schwebenden Geschäften sind ***steuerlich*** seit 1997 ***nicht mehr anerkannt***. (§ 5 Abs. 4a EStG)

Sonstige „Aufwandsrückstellungen" (I)

Dem Geschäftsjahr oder einem früheren Geschäftsjahr ***zuzuordnende*** Aufwendungen

Verursachungsprinzip als Grundlage von Aufwandszurechnungen

Eintritt von ***Ereignissen, welche Aufwand zur Folge haben***

Wertminderung vorhandener Vermögensgegenstände, z.B. nutzungsbedingte Beschädigung

Erfassung durch Abschreibung; bei unzureichender Abschreibung Zusatzerfassung durch Rückstellungen

Keine Wertminderung vorhandener Vermögensgegenstände, z.B. Umstrukturierungserfordernis

Ertragsadäquate/verteilungsadäquate Erfassung durch Rückstellungen für Strukturmaßnahmen

Genaue Umschreibung der Aufwendungen

Umschreibungskriterium: ***genaue Zuordnung der späteren Ausgaben***

Wahrscheinlichkeit oder Sicherheit des Eintritts der Aufwendungen (der Ausgaben)

Unbestimmtheit des Wahrscheinlichkeitsgrades: kaufmännisch vernünftige Beurteilung als Generalnorm

Sonstige „Aufwandsrückstellungen" (II)

Unbestimmtheit der Höhe der Aufwendungen oder des Eintrittszeitpunkts

- ☞ Ergänzende Bedingungen bei Sicherheit des Eintritts
- ☞ keine Rückstellung bei Bestehen eines Vertrages mit Festlegung von Aufwandshöhe und Eintrittszeitpunkt (Vertragsgestaltung)

Keine allgemeine Vorsorge für die Zukunft, sondern Vorsorge für konkrete Aufwendungen, denen sich der Kaufmann nicht entziehen kann, wenn er seinen Geschäftsbetrieb unverändert fortführen will (vgl. BT-Drucksache 10/4268, S. 99)

- ☞ kein Ausgleich für zukünftige Geschäftswertminderung
- ☞ keine Vorsorge für Liquiditätssicherung, Wettbewerbsfähigkeit u.ä.

Bildung und Auflösung der Rückstellung

- ☞ Zuführungsbeginn: gesetzlich nicht bestimmt
- ☞ Permanente Zuführung: möglich; Erfordernis der Bewertungsstetigkeit
- ☞ Einmalige oder unregelmäßige Zuführung: möglich; Erläuterung im Anhang
- ☞ Auflösung nach erfolgter Maßnahme: Verrechnung
- ☞ Auflösung wegen Hinfälligkeit der Maßnahme: sonstiger betrieblicher Ertrag
- ☞ Auflösung vor erfolgter Maßnahme: „Rückstellungen dürfen nur aufgelöst werden, soweit der Grund hierfür entfallen ist." (§ 249 Abs. 3 Satz 2 HGB)

Sonstige Aufwandsrückstellung sind **steuerlich nicht anerkannt.**

Verbindlichkeiten (I)

1. Anleihen, davon konvertibel

Kennzeichnung

- Langfristige ***Darlehen unter Inanspruchnahme des Kapitalmarkts***
- Schuldverschreibung, die zwar als Wertpapier verbrieft ist, jedoch lediglich Forderungsrechte und keine Mitgliedschaftsrechte begründet

Formen

- Hauptform: ***Teilschuldverschreibung***

  Gewährt auf den Nennbetrag festgelegten Rückzahlungsanspruch sowie auf den Nennbetrag zu zahlende feste Verzinsung. Der Gesamtbetrag der Schuldverschreibung ist in Teilbeträge zerlegt.
- Sonderformen:
  1. ***Wandelschuldverschreibung***
     Gewährt außerdem das Recht auf Umwandlung in Aktien
  2. ***Optionsanleihe***
     Gewährt außerdem das Recht auf Bezug junger Aktien
  3. ***Gewinnschuldverschreibung***
     Gewährt außerdem einen Anspruch auf Beteiligung am Gewinn

Ausweis

Sonderformen sollen gesondert ausgewiesen werden.

Vermerk

Angabe der Umtauschfähigkeit vor allem in eine anders verzinsliche Teilschuldverschreibung ***(Konvertibilität)***

Verbindlichkeiten (II)

2. Verbindlichkeiten gegenüber Kreditinstituten

- ☞ keine Differenzierung nach der Art der Kreditinstitute
- ☞ keine Differenzierung nach der Fristigkeit
- ☞ ggf. Mitzugehörigkeitsvermerk, z. B. zu verbundenen Unternehmen
- ☞ gesonderter Ausweis des Betrags mit einer Restlaufzeit bis zu einem Jahr ***(vgl. auch Verbindlichkeitenspiegel)***

3. Erhaltene Anzahlungen auf Bestellungen

- ☞ Soweit den Anzahlungen Vorräte gegenüberstehen, ***dürfen die Anzahlungen von den Vorräten subtrahiert werden*** (Wirkung auf die Bilanzsumme)
  nur offener Abzug !

4. Verbindlichkeiten aus Lieferungen und Leistungen

- ☞ Folge von Einkäufen auf Ziel
- ☞ Ausweis unabhängig von Vertragsart, Art der Geschäftspartner, Fristigkeit; aber: ***Nr. 6 und Nr. 7 gehen vor !***
- ☞ Kein Ausweis wechselmäßiger Sicherung (entsprechend Forderungen)
- ☞ Vermerk des Betrags mit einer Restlaufzeit bis zu einem Jahr

5. Verbindlichkeiten aus der Annahme gezogener Wechsel und der Ausstellung eigener Wechsel → *Finanzierungswechsel*

- ☞ ***keine reinen Sicherungswechsel***
- ☞ Sonderausweis wegen der besonderen rechtlichen Sicherung
- ☞ ggf. Mitzugehörigkeitsvermerk
- ☞ Vermerk des Betrags mit einer Restlaufzeit bis zu einem Jahr

Verbindlichkeiten (III)

6. Verbindlichkeiten gegenüber verbundenen Unternehmen

- vgl. Forderungen
- ***Posten hat absoluten Vorrang***
- Vermerk des Betrags mit einer Restlaufzeit bis zu einem Jahr

7. Verbindlichkeiten gegenüber Unternehmen, mit denen ein Beteiligungsverhältnis besteht

- vgl. Forderungen
- ***auch ohne eigene Beteiligung***
- Vermerk des Betrags mit einer Restlaufzeit bis zu einem Jahr

8. Sonstige Verbindlichkeiten

- sämtliche Verbindlichkeiten, die nicht in gesonderten Posten zu erfassen sind
- keine Aufgliederung erforderlich ***(ggf. im Anhang)***
- Sonderausweis der ***Steuerverbindlichkeiten (USt, Lohnsteuer, Kirchensteuer, Steuervorauszahlungen für KSt, GewSt)***
- Sonderausweis der Verbindlichkeiten im Rahmen der ***sozialen Sicherheit (Krankenkassen- und Pensionskassenbeiträge u.ä.)***
- Vermerk des Betrags mit einer Restlaufzeit bis zu einem Jahr

Spezielle Auflage für GmbH
„Ausleihungen, Forderungen und Verbindlichkeiten ***gegenüber Gesellschaftern*** sind in der Regel als solche jeweils ***gesondert auszuweisen*** oder im Anhang anzugeben; werden sie unter anderen Posten ausgewiesen, so muß diese Eigenschaft vermerkt werden.“ (§ 42 Abs. 3 GmbHG)

Haftungsvermerke

Unter der Bilanz sind zu vermerken (§ 251 HGB):

1. Verbindlichkeiten aus der Begebung und Übertragung von Wechseln
2. Verbindlichkeiten aus Bürgschaften, Wechsel- und Scheckbürgschaften
3. Verbindlichkeiten aus Gewährleistungsverträgen
4. Haftungsverhältnisse aus der Bestellung von Sicherheiten für fremde Verbindlichkeiten

☞ Ausweis unter der Bilanz nur, ***wenn mit der Inanspruchnahme nicht zu rechnen ist***; andernfalls auf der Passivseite

☞ Angabe der Haftungsverhältnisse auch, wenn ihnen gleichwertige Rückgriffsforderungen gegenüberstehen

☞ für Nicht-Kapitalgesellschaften: Angabe in einem Betrag zulässig

☞ für Kapitalgesellschaften (§ 268 Abs. 7 HGB):

- jeweils gesondert unter der Bilanz oder im Anhang
- unter Angabe der gewährten Pfandrechte und sonstigen Sicherheiten
- mit Sondervermerk der Verpflichtungen gegenüber verbundenen Unternehmen

Inventurgegenstände

Inventur = ***Bestandsaufnahme; Bilanzierung; Erfassung dem Grunde nach***

Abgrenzung der Inventurgegenstände

Grundsatz: ***wirtschaftliche Zugehörigkeit (wirtschaftliches Eigentum)***

Entscheidungskriterium: Tragen des Risikos eines zufälligen Untergangs

Arten der Inventurgegenstände

- ☞ Güter, die sich im Besitz und ohne Einschränkung im Eigentum des Unternehmens befinden

Eigentum und Besitz fallen auseinander:

- ☞ Dritten ***sicherungsübereignete*** Güter } **Sicherungsfunktion**
- ☞ unter ***Eigentumsvorbehalt*** Dritter stehende Güter } **Sicherungsfunktion**
- ☞ Kommissionären zur Verfügung gestellte ***Kommissionswaren***
- ☞ von Kommissionären für das Unternehmen erworbene Kommissionswaren
- ☞ an Dritte verkaufte, aber noch nicht ausgelieferte Güter
- ☞ Güter des Unternehmens, die von Dritten (z.B. Lagerverwaltern) verwahrt werden
- ☞ Güter, die Dritten zum Zweck der Lohnauftragsbearbeitung übergeben wurden
- ☞ Güter, die sich zwar noch unterwegs befinden, über die der Gesellschaft aber bereits Traditionspapiere zugegangen sind

Inventurmethoden

Inventurmethoden

- ... nach dem Zeitpunkt der Bestandsaufnahme
  - ***Stichtagsinventur***
    nach R 30 Abs. 1 Satz 2 EStR bis zu 10 Tage vor oder nach dem Bilanzstichtag ***(stets zulässig; keine Bedingungen)***
  - ***Vor- oder nachverlegte Stichtagsinventur***
    - ☞ beliebiger Stichtag innerhalb von ***drei Monaten vor oder zwei Monaten nach*** dem Bilanzstichtag (vgl. § 241 Abs. 3 Nr. 1 HGB)
    - ☞ ***Bedingung: wertmäßige Vor- bzw. Rückrechnung*** auf den Bilanzstichtag
  - ***Permanente Inventur*** (§ 241 Abs. 2 HGB i.V.m. H 30 EStR)
    - ☞ ***beliebiger Stichtag*** innerhalb des Jahres für die jeweiligen Teilbestände
    - ☞ ***Bedingung: Bestandsfortschreibung*** der Teilbestände in der Lagerbuchführung ***nach Tag, Art und Menge***
- ... nach der Technik der Bestandsaufnahme

☞ Inventur durch körperliche Bestandsaufnahme

☞ Inventur durch Einholen von Bestandsnachweisen und Aufnahme anhand von Belegen ***(z.B. bei Fremdlagerung)***

☞ Inventur durch buchmäßige Aufnahme

☞ Inventur durch Aufnahme bei der Einlagerung

☞ Inventur durch Stichproben

Bilanzierungsfähigkeit, -wahlrecht und -verbot

Nach dem Grundsatz der Vollständigkeit sind alle bilanzierungsfähigen Vermögensgegenstände, Schulden und Vorausleistungen in der Bilanz anzusetzen, es sei denn, besondere gesetzliche Vorschriften lassen ausdrücklich ein Bilanzierungswahlrecht zu oder deren Ansatz wird ausdrücklich verboten. (vgl. § 246 Abs. 1 HGB)

Bilanzierungsfähigkeit

Aktivierungsfähigkeit	Passivierungsfähigkeit
Vermögensgegenstände sind: - ***sichere wirtschaftliche Werte*** - ***selbständig verkehrsfähig*** ausnahmsweise: Bilanzierungshilfen	Passivierbar sind sämtliche Ansprüche an das Vermögen

Bilanzierungswahlrechte

Aktivierungswahlrechte	***Passivierungswahlrechte***
- derivativer Geschäfts- oder Firmenwert - Aufwendungen der Ingangsetzung und Erweiterung des Geschäftsbetriebs - Zölle und Verbrauchsteuern - Umsatzsteuer auf Anzahlungen - Agio/Disagio bei Verbindlichkeiten - aktive latente Steuern	- z.T. Rückstellungen für unterlassene Instandhaltung - sonstige „Aufwandsrückstellungen" - Sonderposten mit Rücklageanteil

Bilanzierungsverbot

Aktivierungsverbot	Passivierungsverbot
- originärer Firmenwert - selbsterstellte immaterielle Anlagewerte - Kommissionsware	- hinfällig gewordene Ansprüche an das Vermögen

Aufwendungen für die Ingangsetzung und Erweiterung des Geschäftsbetriebs (I)

Wahlrecht der Aktivierung von Ingangsetzungs- und Erweiterungsaufwendungen als Bilanzierungshilfe gem. § 269 HGB

- soweit die Aufwendungen ***nicht bilanzierungsfähig*** und somit ***bilanzierungspflichtig*** sind (Vollständigkeitsgebot gem. § 246 Abs. 1 HGB)
- in dem Posten „Aufwendungen für die Ingangsetzung und Erweiterung des Geschäftsbetriebs" vor dem Anlagevermögen

An die Aktivierung gekoppelte Pflichten

- Pflicht zur Erläuterung im Anhang
- Pflicht zur ***Abschreibung mindestens eines Viertels des ausgewiesenen Betrags*** in jedem folgenden Geschäftsjahr (§ 282 HGB)
- Pflicht zur Einhaltung der ***Gewinnausschüttungssperre:***
  § 269 Satz 2 HGB: „Werden solche Aufwendungen in der Bilanz ausgewiesen, so dürfen Gewinne nur ausgeschüttet werden, wenn die nach der Ausschüttung verbleibenden jederzeit auflösbaren Gewinnrücklagen zuzüglich eines Gewinnvortrags und abzüglich eines Verlustvortrags dem angesetzten Betrag mindestens entsprechen."
- ggf. Pflicht zur Bildung einer ***Rückstellung für latente Steuern***, weil keine steuerliche Anerkennung dieser Bilanzierungshilfe erfolgt

Aufwendungen für die Ingangsetzung und Erweiterung des Geschäftsbetriebs (II)

1. ***Abgrenzung der Erweiterung*** des Geschäftsbetriebs gegen

- laufenden Geschäftsbetrieb ***(Aufwandsverrechnung)***
- aktivierungspflichtige Maßnahmen ***(Anschaffungsnebenkosten)***
- Beschaffung von Eigenkapital
- Maßnahmen zur Erhöhung des Geschäfts- oder Firmenwerts
- Strukturänderung

2. ***Abgrenzung der Erweiterungsaufwendungen*** insbesondere bei

- Forschung und Entwicklung
- Werbemaßnahmen
- Schulungsmaßnahmen
- Reorganisation
- Datenverarbeitung

3. Anwendungsbereich des Aktivierungswahlrechts

- Kapitalgesellschaften
- Personengesellschaften und Einzelkaufleute:
  - Für Personengesellschaften i.S.d. § 264a HGB besteht zweifelsfrei auch das Aktivierungswahlrecht.
  - Für sonstige Personengesellschaften und Einzelkaufleute besteht nach der Begründung des Rechtsausschusses kein Aktivierungswahlrecht, weil keine Ausschüttungssperre möglich ist. Nach h.M. wird jedoch auch ihnen das Aktivierungswahlrecht zugestanden.

Bilanzierung aktiver Rechnungsabgrenzungsposten

Aktive Rechnungsabgrenzungsposten (§ 250 HGB)

- ***Aktivierungspflicht***
  - ***Transitorische Rechnungsabgrenzungsposten***

    auf der Aktivseite: ***Ausgaben vor dem Abschlußstichtag***, soweit Aufwand für eine bestimmte Zeit nach diesem Tag (vgl. § 250 Abs. 1 HGB)

    auf der Passivseite: ***Einnahmen vor dem Abschlußstichtag***, soweit Ertrag für eine bestimmte Zeit nach diesem Tag (vgl. § 250 Abs. 2 HGB)

- ***Aktivierungswahlrecht***
  - Antizipative Rechnungsabgrenzungsposten, soweit es sich handelt um:
    - ☞ Zölle und Verbrauchsteuern
    - ☞ Umsatzsteuer auf erhaltene Anzahlungen
  - ***Unterschiedsbetrag (Agio/Disagio)*** zwischen höherem Rückzahlungsbetrag und Ausgabebetrag von Verbindlichkeiten oder Anleihen

- ***Aktivierungsverbot***
  - Sonstige antizipative Rechnungsabgrenzungsposten

    ggf. aktiv: sonstige Forderungen
    passiv: sonstige Verbindlichkeiten

Rechnungsabgrenzungsposten für Zölle und Verbrauchsteuern

Ansatzbedingungen
Zölle und Verbrauchsteuern dürfen als aktive Rechnungsabgrenzungsposten ausgewiesen werden, wenn sie

- ☞ als Aufwand im Jahresabschluß berücksichtigt sind und
- ☞ auf am Bilanzstichtag auszuweisende Vermögensgegenstände des Vorratsvermögens entfallen und
- ☞ nicht bereits als Anschaffungsneben- oder Herstellungskosten der Vermögensgegenstände bilanziert sind

Wirkung: ***rechnerische Neutralisierung des verrechneten Aufwands***, z.B. Biersteuer

Auflösungsbedingungen
die aktiven Rechnungsabgrenzungsposten für Zölle und Verbrauchsteuern sind aufzulösen, wenn

- ☞ die betreffenden Vermögensgegenstände des Vorratsvermögens in der Bilanz nicht mehr auszuweisen sind oder
- ☞ ein Erstattungsanspruch entstanden ist

Rechnungsabgrenzungsposten für Umsatzsteuer auf Anzahlungen

Ansatzbedingungen
Umsatzsteuer auf Anzahlungen darf aktivisch abgegrenzt werden, wenn

- ☞ sie als Aufwand im Jahresabschluß berücksichtigt ist (Ansatz der erhaltenen Anzahlungen einschließlich Umsatzsteuer = ***Bruttomethode***) und
- ☞ die Anzahlungen am Bilanzstichtag „auszuweisen", d.h. zu bilanzieren sind, oder von den Vorräten offen abgesetzt wurden

Auflösungsbedingungen
der aktive Rechnungsabgrenzungsposten für Umsatzsteuer auf Anzahlungen ist aufzulösen, wenn

- ☞ das ***Geschäft erfüllt*** wurde oder
- ☞ die Lieferung oder Leistung nicht durchgeführt wird und infolgedessen die erhaltene Anzahlung einschließlich der Umsatzsteuer zurückgezahlt werden muß

Umsatzsteuer auf erhaltene Anzahlungen

Nettomethode

Bank	
(1) *116*	

Erhaltene Anzahlung	
	(1) 100

keine aktive
Rechnungsabgrenzung

Steuerverbindlichkeit	
	(1) 16

Bruttomethode

Bank	
(1) *116*	

Erhaltene Anzahlung	
	(1) 116

Steueraufwand	
(2) *16*	*(3) 16*

Steuerverbindlichkeit	
	(2) 16

aktiver Rechnungs-abgrenzungsposten	
(3) *16*	

zulässige, aber nicht
zwingende aktive
Rechnungsabgrenzung

Definition und Zweck latenter Steuern

Definition

Latente Steuern stellen die sich ***in Folgeperioden ausgleichende Differenz*** zwischen der ***tatsächlichen Ertragsteuerschuld*** aufgrund des zu versteuernden Gewinns und einer ***fiktiven Steuerschuld*** aufgrund des nicht durch (spezifisch) steuerliche Vorschriften modifzierten Handelsbilanzgewinns als (fiktiver) Steuerbemessungsgrundlage dar.

Zweck

Periodengerechte Verteilung des Ertragsteueraufwands zur Herstellung eines ***sinnvollen und unmittelbar erklärbaren Zusammenhangs zwischen Ertragsteueraufwand und handelsrechtlichem Ergebnis***

Arten und Ursachen latenter Steuern

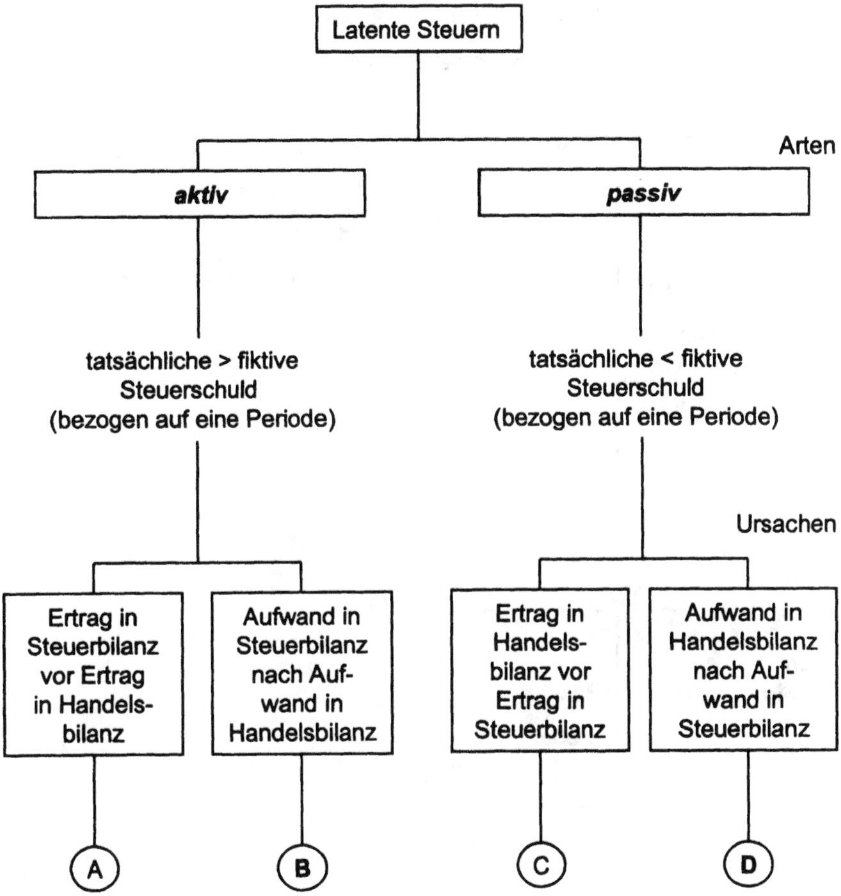

Beispiel zur Erklärung der latenten Steuern (I)

Handelsbilanz = Steuerbilanz

(angenommener Steuersatz 40%)

GuV

Soll		Haben	
div. Aufwendungen	666	Ertrag	866
Ertragsteuern	**80**		
Jahresüberschuß	**120**		
	866		**866**

Ergebnis vor Steuern		**200**
* Steuersatz		**40%**
Ertragsteuern	=	**80**
Jahresüberschuß	=	**120**

Bilanz

Aktiva		Passiva	
div. Aktiva	3333	div. Passiva	3133
		Steuer-Rückst.	**80**
		Jahresüberschuß	**120**
	3333		**3333**

Folge: keine latenten Steuern

Beispiel zur Erklärung der latenten Steuern (II)

Handelsbilanz ≠ Steuerbilanz

Grund: Nachaktivierung von Erweiterungsaufwendungen, die steuerlich nicht anerkannt sind (angenommener Steuersatz 40%)

GuV

diverse Aufendungen	666	Ertrag	866
Ertragsteuern	80	***andere aktivierte Eigenleistungen***	***20***
Latente Steuern	***8***		
Jahresüberschuß	***132***		
	886		886

HB-Ergebnis vor Steuern	= 220	Steuerbilanzgewinn	= 200
x Steuersatz 40%	./. 88	x Steuersatz 40%	./. 80

Diff. HB-Ergebnis	***= 20***
x Steuersatz 40%	
latente Steuern	***= 8***

Aktiva	Bilanz		Passiva
diverse Aktiva	3.333	diverse Passiva	3.133
aktivierte Aufwendungen für die Erweiterung des Geschäftsbetriebs	***20***	Rückstellungen für - Ertragsteuern ***- latente Steuern***	 80 ***8***
		Jahresüberschuß	***132***
	3.353		3.353

Folge: ***Ansatz passiver latenter Steuern***
Konsequenz: ***Auflösung der Rückstellungen für latente Steuern in den Folgeperioden***

Ursachen latenter Steuern (I)

Für die Ursache A lassen sich infolge des Maßgeblichkeitsprinzips und fehlender spezieller steuerlicher Vorschriften keine Sachverhalte finden.

B Aufwand in der Steuerbilanz nach Aufwand in der Handelsbilanz

1. ***Handelsrechtliche Nichtaktivierung eines Disagios*** (Wahlrecht gem. § 250 Abs. 3 Satz 1 HGB)

2. Pflicht zur Aktivierung von Bestandteilen der Herstellungskosten in der Steuerbilanz, die für die Handelsbilanz nicht besteht ***(Material- und Fertigungsgemeinkosten)*** (R 33 Abs. 1 bis 3 EStR)

3. Höhere Abschreibungen in der Handelsbilanz als in der Steuerbilanz aufgrund der Wahl unterschiedlicher zulässiger Abschreibungsverfahren und Abschreibungssätze

4. Ansatz eines niedrigeren beizulegenden Werts aufgrund nicht dauernder Wertminderung in der Handelsbilanz bei unzulässiger Teilwertabschreibung in der Steuerbilanz.

5. Höhere Abschreibung des derivativen Geschäfts- oder Firmenwerts in der Handelsbilanz gem. § 255 Abs. 4 Satz 2 HGB als in der Steuerbilanz gem. § 7 Abs. 1 Satz 3 EStG

6. Niedrigere Bildung von Pensionsrückstellungen in der Steuerbilanz als in der Handelsbilanz
   a) Anwendung eines 6% unterschreitenden ***Zinssatzes*** bei Pensionsrückstellungen in der Handelsbilanz (vgl. § 6a Abs. 3 Satz 3 EStG)
   b) Nicht-Erfüllung ***steuerlicher Formvorschriften,*** z.B. schriftliche Pensionszusage

7. Bildung einer ***Aufwandsrückstellung*** gemäß § 249 Abs. 2 HGB in der Handelsbilanz, die in der Steuerbilanz nicht zulässig ist

8. Bildung von ***Rückstellungen für drohende Verluste aus schwebenden Geschäften*** in der Handelsbilanz, die in der Steuerbilanz seit ***1.1.1997*** nicht mehr zulässig sind

9. Niedrigere Bewertung der Verbindlichkeiten und Rückstellungen in der Steuerbilanz als in der Handelsbilanz aufgrund der Abzinsung gem. § 6 Abs. 1 Nr. 3 und Nr. 3a e) EStG

Ursachen latenter Steuern (II)

C Ertrag in der Handelsbilanz vor Ertrag in der Steuerbilanz

Für die Ursache C lassen sich infolge der (umgekehrten) Maßgeblichkeit und fehlender spezieller steuerlicher Vorschriften keine Sachverhalte finden.

D Aufwand in der Handelsbilanz nach Aufwand in der Steuerbilanz

1. Bewertung nach der Fifo Verbrauchsfolge gemäß § 256 HGB in der Handelsbilanz bei Bewertung nach dem Durchschnittsverfahren in der Steuerbilanz im Fall steigender Preise
2. Aktivierung von Ingangsetzungs- und Erweiterungsaufwendungen in der Handelsbilanz gem. § 269 HGB, die in der Steuerbilanz nicht anerkannt wird
3. Abschreibung eines in der Handelsbilanz aktivierten Geschäfts- und Firmenwerts über eine ***längere Nutzungsdauer als 15 Jahre***

Bilanzierung latenter Steuern nach § 274 Abs. 2 HGB

Bilanzierungswahlrecht: ***Wahlrecht der Aktivierung*** eines gesondert auszuweisenden und im Anhang zu erläuternden Abgrenzungspostens als Bilanzierungshilfe, wenn

- der dem Geschäftsjahr und früheren Geschäftsjahren zuzurechnende Steueraufwand zu hoch ist, weil der nach den steuerrechtlichen Vorschriften zu versteuernde Gewinn höher als das handelsrechtliche Ergebnis ist ***(= aktive latente Steuern)***

und

- sich der zu hohe Steueraufwand des Geschäftsjahrs und früherer Geschäftsjahre ***in späteren Geschäftsjahren voraussichtlich ausgleicht***

Ausschüttungssperre: Wird das Aktivierungswahlrecht genutzt, "... so dürfen Gewinne nur ausgeschüttet werden, wenn die nach der Ausschüttung verbleibenden jederzeit auflösbaren Gewinnrücklagen zuzüglich eines Gewinnvortrags und abzüglich eines Verlustvortrags dem angesetzten Betrag mindestens entsprechen." (§ 274 Abs. 2 Satz 3 HGB)

Bilanzierung latenter Steuern nach § 274 Abs. 1 HGB

Bilanzierungspflicht: ***Pflicht*** zur Bildung einer gesondert auszuweisenden Rückstellung für latente Steuern, wenn

- der dem Geschäftsjahr und früheren Geschäftsjahren zuzurechnende Steueraufwand zu niedrig ist, weil der nach den steuerrechtlichen Vorschriften zu versteuernde Gewinn niedriger als das handelsrechtliche Ergebnis ist
(= passive latente Steuern)

und

- sich der zu niedrige Steueraufwand des Geschäftsjahres und früherer Geschäftsjahre ***in späteren Geschäftsjahren voraussichtlich ausgleicht***

und

- ein späterer Steueraufwand, dem kein entsprechendes Handelsbilanzergebnis gegenübersteht, vorausgesetzt werden kann.
Beim Bestehen von Verlustvorträgen und bei erwarteten Verlusten entfällt die Pflicht zur Bildung latenter Steuerrückstellungen.

Saldierungspflicht mit ***Bilanzierungswahlrecht für aktiven und Bilanzierungspflicht für passiven Saldo*** gem. SABI 3/1988 Tz 4.

Einzelermittlung der jährlichen Steuerabgrenzungsbeträge

1. Zerlegung des Differenzbetrags zwischen Handels- und Steuerbilanzergebnis ***in zeitlich begrenzte und unbegrenzte Differenzen;*** von zeitlich begrenzten Differenzen wird nur ausgegangen, wenn sich die Differenz nach dem Prinzip der Zweischneidigkeit der Bilanz in den Folgejahren zwangsläufig wegen der angewandten Bewertungsmethoden und ohne spezifische Entscheidung (z.B. Verkaufsentscheidung) auflöst.

2. betragsmäßige Zuordnung der Teile zeitlich begrenzter Differenzen zu einzelnen sie verursachenden Sachverhalten ***(i.d.R. Ermittlungsbeginn!)***

3. ***gesonderte Fortführung*** jeder einzelnen zeitlich begrenzten Differenz über ihre Lebensdauer und jährliche gesonderte Untersuchung im Hinblick auf ihre steuerlichen Auswirkungen (Einzelaufstellung)

Wirkungen

- ***Genauigkeit*** vor allem im Hinblick auf die verursachungsgerechte Auflösung

- hoher, ökonomisch nicht vertretbarer ***Aufwand***, soweit nicht ohnehin im Rahmen der Entwicklung der Steuerbilanz aus der Handelsbilanz entstehende Differenzen verursachungsgerecht erfaßt werden

Gruppen- und Gesamtermittlung der jährlichen Steuerabgrenzungsbeträge

1. Zerlegung des Differenzbetrags zwischen Handels- und Steuerbilanzergebnis in zeitlich begrenzte und unbegrenzte Differenzen
2. Aufgliederung der zeitlich begrenzten Differenzen in solche, die zu ***aktiven*** und solche, die zu ***passiven latenten Steuern*** führen
3. ***undifferenzierte Fortführung*** dieser beiden Gruppen im Zeitablauf

Wirkungen

- ***keine verursachungsgerechte Auflösung*** der Rückstellungen bzw. des aktiven Abgrenzungspostens möglich, insbesondere hinsichtlich des Kriteriums "Auflösung, sobald mit einer Steuerbelastung bzw. -entlastung nicht mehr zu rechnen ist"
- geringer, ökonomisch vertretbarer Buchungsaufwand

Zulässige Vereinfachung: ***Gesamtermittlung/-ausweis***

1. Zerlegung des Differenzbetrags zwischen Handels- und Steuerbilanzergebnis in zeitlich begrenzte und unbegrenzte Differenzen
2. Bestands- und ergebnismäßige Fortführung des Saldos aus dem Saldo des Vorjahrs

- geringer Buchungsaufwand

Mögliche Steuersätze zur Berechnung latenter Steuern

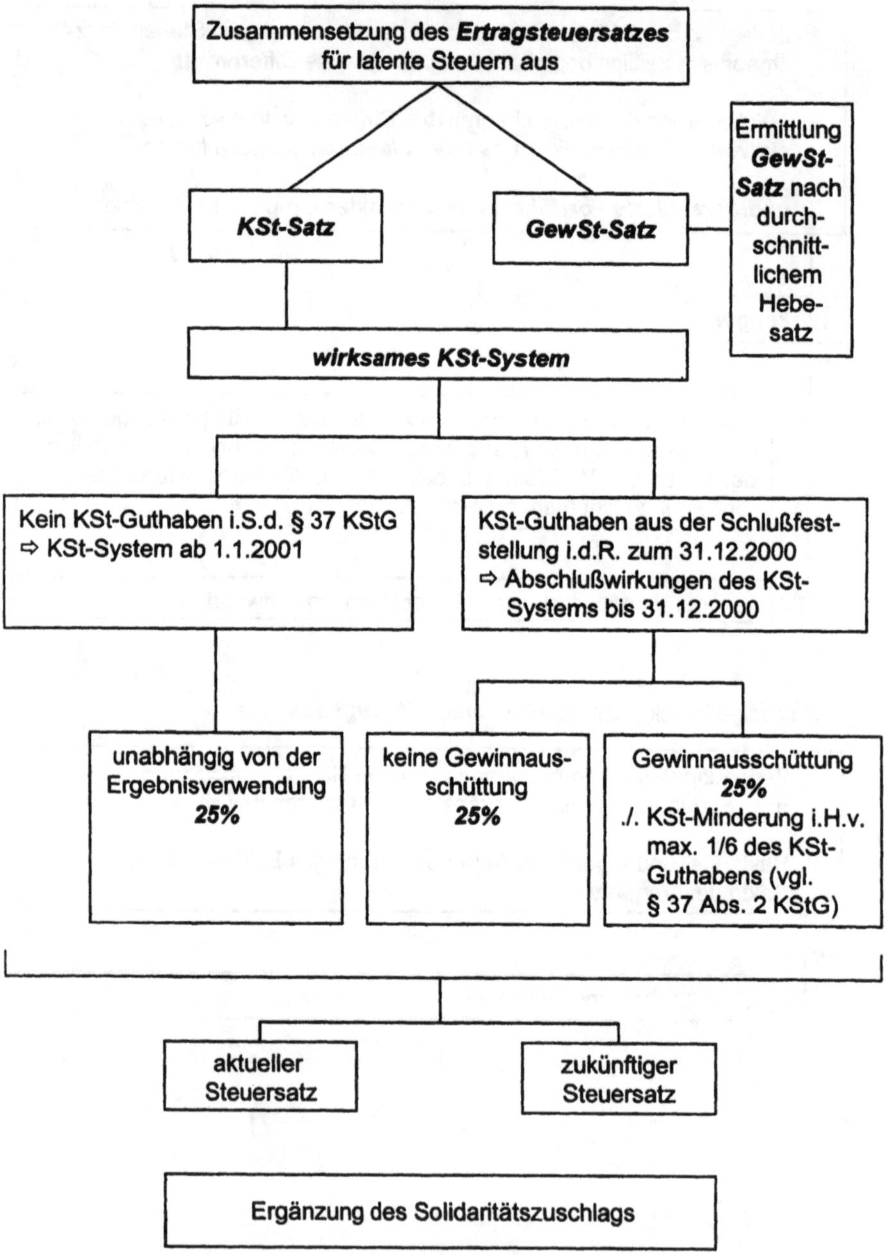

Wahl des Steuersatzes zur Berechnung latenter Steuern

Steuersatz zur Berechnung latenter Steuern

- keine gesetzliche Vorschrift zur Bestimmung des zu verwendenden Steuersatzes
- allgemeine Überlegungen zur Wahl des Steuersatzes
  - ***einheitlicher Steuersatz bei Bildung und Auflösung*** des Bilanzpostens für latente Steuern, da
    - ***andernfalls*** im Jahr der Auflösung a.o. Erträge bzw. a.o. Aufwendungen entstünden, die ihrerseits eine ***Verzerrung*** zwischen Handelsbilanzergebnis und Steueraufwand bedingen
  - ***einheitlicher Steuersatz zur Berechnung aktiver und passiver*** Steuerbeträge, da
    - nur so eine Interpretierbarkeit und ***Vergleichbarkeit der Steuerabgrenzungsbeträge*** gewährleistet wird
    - Bei einer Saldierung der Berechnungsgrundlagen für aktive und passive latente Steuern kommt ohnehin nur ein einheitlicher Steuersatz in Betracht.

Auflösung des Bilanzpostens für latente Steuern nach § 274 HGB

Aktiver Abgrenzungsposten

Pflicht zur Auflösung, sobald

- die Steuerentlastung eintritt

oder

- mit ihr voraussichtlich nicht mehr zu rechnen ist

Wahlrecht der vorzeitigen Auflösung unter Beachtung der ***Erläuterungspflicht im Anhang*** gem. § 284 Abs. 2 Nr. 3 HGB

Passiver Abgrenzungsposten (latente Steuerrückstellung)

Pflicht zur Auflösung, sobald

- die höhere Steuerbelastung eintritt

oder

- mit ihr voraussichtlich nicht mehr zu rechnen ist

Kein Wahlrecht vorzeitiger Auflösung von Rückstellungen (gem. § 249 Abs. 3 Satz 2 HGB)

Einzelaufstellung für passive latente Steuern bei Aktivierung von Erweiterungsaufwendungen

Beispiel:

- Aktivierung von Erweiterungsaufwendungen im Geschäftsjahr 2001 in Höhe von DM 100.000
- Abschreibung nach § 282 HGB (25%)
- kein KSt-Guthaben zum 31.12.2000
- pauschaler Ertragsteuersatz: 40%

<u>Einzelaufstellung</u>

Sachverhalt	Jahr der Aktivierung/Abschreibung der Erweiterungsaufwendungen	Differenz zwischen Betriebsausgaben und Aufwand	passive latente Steuern	
			Zuführung/ Auflösung	Buchwert zum 31.12.
Aktivierung	2001	+100.000	+40.000	40.000
Abschreibung	2002	-25.000	-10.000	30.000
Abschreibung	2003	-25.000	-10.000	20.000
Abschreibung	2004	-25.000	-10.000	10.000
Abschreibung	2005	-25.000	-10.000	0

Einzelaufstellung für aktive latente Steuern bei Aktivierung eines Geschäftswerts

Beispiel:
- *Aktivierung eines Geschäftswerts in Handels- und Steuerbilanz* 2001 in Höhe von DM 600.000, der
  - handelsrechtlich über 4 Jahre (§ 255 Abs. 4 Satz 2 HGB),
  - steuerrechtlich über 15 Jahre (§ 7 Abs. 1 Satz 3 EStG)

  abgeschrieben wird
- kein KSt-Guthaben zum 31.12.2000
- pauschaler Ertragsteuersatz: 40%

Sachverhalt	Jahr	Differenz zwischen Betriebsausgaben und Aufwand	aktive latente Steuern	
			Zuführung/ Auflösung	Buchwert zum 31.12.
Bildung	2001	*-110.000	+44.000	44.000
Bildung	2002	-110.000	+44.000	88.000
Bildung	2003	-110.000	+44.000	132.000
Bildung	2004	-110.000	+44.000	176.000
Auflösung	2005	**+40.000	-16.000	160.000
Auflösung	2006	+40.000	-16.000	144.000
Auflösung	2007	+40.000	-16.000	128.000
Auflösung	2008	+40.000	-16.000	112.000
Auflösung	2009	+40.000	-16.000	96.000
Auflösung	2010	+40.000	-16.000	80.000
Auflösung	2011	+40.000	-16.000	64.000
Auflösung	2012	+40.000	-16.000	48.000
Auflösung	2013	+40.000	-16.000	32.000
Auflösung	2014	+40.000	-16.000	16.000
Auflösung	2015	+40.000	-16.000	0

*	600.000 x	25%	=	150.000
./.	600.000 x	6,67%	=	40.000
				110.000
**	600.000 x	6,67%	=	**40.000**

Bewertung in der Bilanz

Bewertung = der Vorgang, bei dem ***den einzelnen Vermögens- und Kapitalteilen vom Bilanzerstellenden*** festgestellte ***Geldbeträge beigemessen*** werden

- ***Bewertung des Anlagevermögens***

Bewertungsmaßstäbe einschl. Abschreibung	***Bewertungsmethoden***

- ***Bewertung des Umlaufvermögens***

Bewertungsmaßstäbe	Bewertungsmethoden

- ***Bewertung des Kapitals***

Bewertungskonzeption

- ***Bewertungsvorschriften für alle Kaufleute***: §§ 252-256 HGB
- ***Ergänzende Vorschriften für Kapitalgesellschaften***: §§ 279-283 HGB

Bewertungsgrundsätze (I)

Allgemeiner Grundsatz (§ 243 Abs. 1 HGB): ***"Der Jahresabschluß ist nach den Grundsätzen ordnungsmäßiger Buchführung aufzustellen."***

- ☞ Grundlage für die Anwendung weiterer Bewertungsregeln, z.B. zu den ***Verfahren der Kalkulation von Herstellungskosten***
- ☞ ***nicht kodifizierte GoB***

Allgemeine Bewertungsgrundsätze gem. § 252 HGB

Abs. 1: "Bei der Bewertung der im Jahresabschluß ausgewiesenen Vermögensgegenstände und Schulden gilt insbesondere folgendes:"

"1. Die Wertansätze in der Eröffnungsbilanz des Geschäftsjahrs müssen mit denen der Schlußbilanz des vorhergehenden Geschäftsjahrs übereinstimmen."

= Grundsatz der ***Bilanzidentität (Wertansatzidentität)***

"2. Bei der Bewertung ist von der ***Fortführung*** der Unternehmenstätigkeit auszugehen, sofern dem nicht tatsächliche oder rechtliche Gegebenheiten entgegenstehen."

= ***Going - Concern - Prinzip***

- ☞ ***Auswirkung auf die Bewertung*** (beizulegender Wert; Marktpreis)
- ☞ tatsächliche Gegebenheiten (Kreditkündigung; Fehlen notwendiger Investitionsmittel);
  rechtliche Gegebenheiten (tatsächliche Überschuldung, Produktionseinstellung wegen Umweltschutzauflagen)

Bewertungsgrundsätze (II)

"3. Die Vermögensgegenstände und Schulden sind zum Abschlußstichtag **einzeln** zu bewerten."

= Prinzip der ***Einzelbewertung (Bewertungseinheit)***

☞ Zulässige ***Ausnahmen der Sammelbewertung*** (vgl. Bewertungsmethoden)

"4. Es ist ***vorsichtig*** zu bewerten, namentlich sind ***alle vorhersehbaren Risiken und Verluste, die bis zum Abschlußstichtag entstanden*** sind, zu berücksichtigen, selbst wenn diese erst zwischen dem Abschlußstichtag und dem Tag der Aufstellung des Jahresabschlusses bekanntgeworden sind; **Gewinne** sind nur zu berücksichtigen, wenn sie **am Abschlußstichtag realisiert sind.** "

☞ Grundsatz der ***Vorsicht***

★ Vorsicht bei ***Schätzungsspielräumen***
★ ***Realisationsprinzip (vor allem Verkaufsrealisation)***
★ ***Imparitätsprinzip***

☞ ***Stichtagsbezogenheit der Verursachung und Realisation***
☞ ***Wertaufhellung***

"5. ***Aufwendungen und Erträge des Geschäftsjahrs*** sind unabhängig von den Zeitpunkten der entsprechenden Zahlungen im Jahresabschluß zu berücksichtigen."

= Periodenabgrenzung nach dem ***Verursachungsprinzip*** bzw. dem ***Realisationsprinzip***

Bewertungsgrundsätze (III)

"6. Die auf den vorhergehenden Jahresabschluß angewandten **Bewertungsmethoden sollen beibehalten werden.**"

= Grundsatz der ***Bewertungsstetigkeit = Methodenbeibehaltung***

☞ ***Sollvorschrift*** (grundsätzlich zu verstehen als Beibehaltungspflicht)

☞ ***abweichende Bewertung*** bei sachlicher Rechtfertigung

☞ Begriff der Bewertungsmethode:
planmäßiges Vorgehen in vorgegebenen Bewertungsschritten

☞ Ausprägung der Bewertungsmethode:

- ★ Abschreibungsmethoden
- ★ Methoden der Ermittlung von Bewertungsmaßstäben
- ★ Zuführungsmethoden bei Rückstellungen

Abs. 2: ***"Von den Grundsätzen des Absatzes 1 darf nur in begründeten Ausnahmefällen abgewichen werden."***

☞ Funktionsfähigkeit der Ausnahme:

- ★ Abweichung von der Einzelbewertung
- ★ Abweichung von der Bewertungsstetigkeit

Realisation als Bewertungsgrundsatz im Besonderen

Maßgeblichkeit des **Realisationsgrundsatzes**

für die **Bilanz**:

- ☞ Bilanzierung von Forderungen (ggf. anstelle von Vorräten)
- ☞ Bewertung auf der Grundlage der Realisationsbedingungen

für die **Gewinn- und Verlustrechnung**:

- ☞ Ansatz der betreffenden Erträge

Realisationszeitpunkt

generell:

Mit der Erbringung der eigenen Lieferung oder Zahlung
(Begründung: Bewirken des Anspruchs auf eine Gegenleistung)

speziell (abhängig von der Art der Vertragsgestaltung):

- ☞ Bargeschäfte: Leistung und Gegenleistung fallen zusammen
- ☞ Zielgeschäfte: wirtschaftlicher Übergang der Lieferung oder Leistung (i.d.R. nach Maßgabe der vereinbarten Handelsklauseln)
- ☞ Sonderfälle:
  - langfristige Auftragsfertigung
  - Dauerlieferungs- oder -leistungsgeschäfte

Nicht maßgebend (obgleich aus buchungstechnischen Gründen häufig beachtet): **Rechnungserstellung**

Bewertungsmaßstäbe, Abwertungswahlrechte und Abwertungspflichten

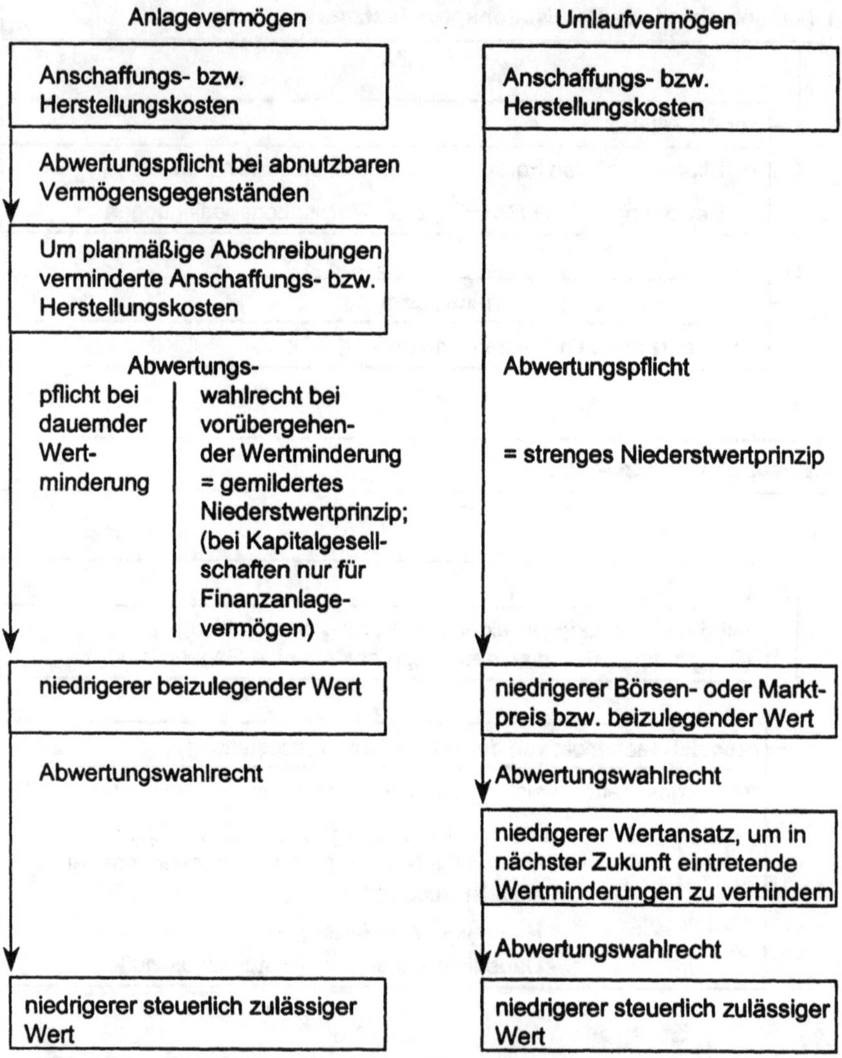

Ergänzung für Personengesellschaften – es sei denn, es gelten für sie nach § 264a HGB die Vorschriften für Kapitalgesellschaften – und Einzelkaufleute: § 253 Abs. 4 HGB

Anschaffungskosten

„Anschaffungskosten sind die Aufwendungen, die geleistet werden, um einen Vermögensgegenstand zu erwerben und ihn in einen betriebsbereiten Zustand zu versetzen, soweit sie dem Vermögensgegenstand einzeln zugeordnet werden können." (§ 255 Abs. 1 Satz 1 HGB)

Zusammensetzung

Kaufpreis einschl. Umsatzsteuer

\+ ***Anschaffungsnebenkosten***

- ☞ Nebenkosten des ***Erwerbs*** (z.B. GrESt, Gebühren)
- ☞ Nebenkosten der ***Verbringung*** in das Unternehmen (z.B. Fracht, Versicherung)
- ☞ Nebenkosten zur Erreichung der ***Betriebsfähigkeit*** (z.B. Installierung einschließlich evtl. Gemeinkosten)

./. ***Anschaffungswertminderung***

- ☞ verrechenbare (abziehbare) Vorsteuer
- ☞ Zahlungsabzüge (Skonti, Rabatte, Boni)

= ***Anschaffungswert/Anschaffungskosten***

Ausschluß

Nicht zu den Anschaffungskosten zählen

- ☞ ***Gemeinkosten der Beschaffung***
- ☞ ***Finanzierungskosten*** (Geldbeschaffungskosten) (Ausnahme: Kreditaufnahme für Anzahlungen oder für die Inanspruchnahme von Skonti)

Herstellungskosten

„Herstellungskosten sind die Aufwendungen, die durch den Verbrauch von Gütern und die Inanspruchnahme von Diensten für die Herstellung eines Vermögensgegenstands, seine Erweiterung oder für eine über seinen ursprünglichen Zustand hinausgehende wesentliche Verbesserung entstehen." (§ 255 Abs. 2 Satz 1 HGB)

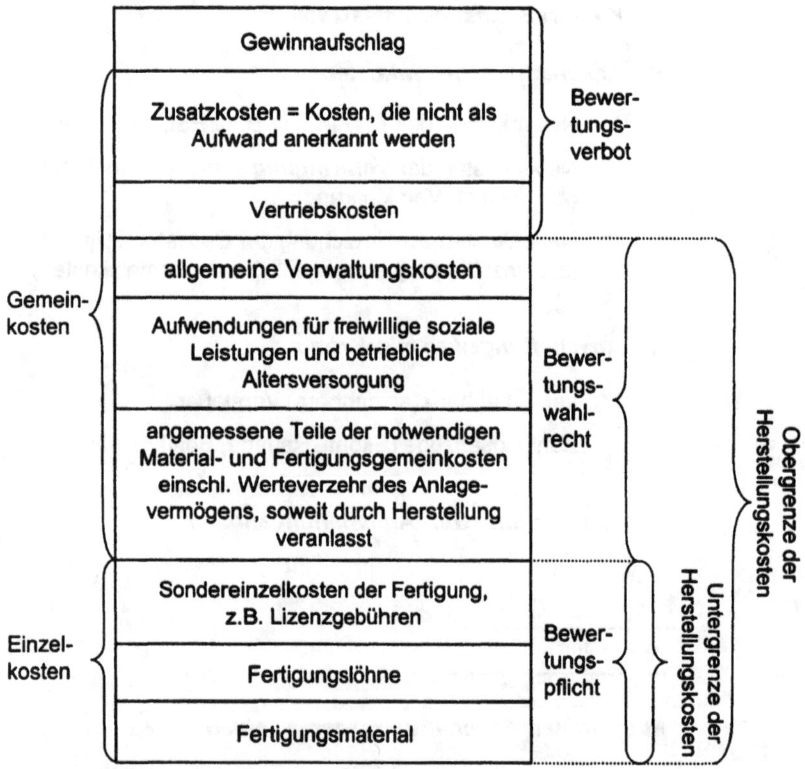

☞ Verpackungskosten werden grundsätzlich den Vertriebskosten zugerechnet. Sie sind jedoch Herstellungskosten, wenn die Verpackung notwendig ist, um das Erzeugnis in den Handel bringen zu können.

Fremdkapitalzinsen als Bestandteil der Herstellungskosten

„Zinsen für Fremdkapital gehören nicht zu den Herstellungskosten. Zinsen für Fremdkapital, das zur Finanzierung der Herstellung eines Vermögensgegenstands verwendet wird, dürfen angesetzt werden, soweit sie auf den Zeitraum der Herstellung entfallen; in diesem Fall gelten sie als Herstellungskosten des Vermögensgegenstands." (§ 255 Abs. 3 HGB)

☞ lt. amtlicher Begründung: ausnahmsweise Aktivierung von Fremdkapitalzinsen

☞ Fremdkapital, das zur Finanzierung der Herstellung eines Vermögensgegenstands verwendet wird

- ★ Finanzierungsfunktion des Kapitals
- ★ i.d.R. keine rechtliche Beziehung zwischen Finanzierung und Investition
- ★ zeitliche Beziehung zwischen Finanzierung und Investition
- ★ Nachweis der Beziehung oder durchschnittlicher Fremdkapitalanteil

☞ Die übrigen Herstellungskosten als Bezugsgrundlage für anteilige Fremdkapitalzinsen

☞ Der anzuwendende Fremdkapital-Zinssatz (lt. Vereinbarung) bei nachgewiesener direkter Beziehung zwischen Finanzierung und Investition; im übrigen Durchschnitts-Zinssatz des Unternehmens

Einzelnachweis und -begründung vor allem bei ***Projektfinanzierung***, insbesondere ***Bauzinsen***

Probleme der Untergrenze der Herstellungskosten nach § 255 Abs. 2 HGB

Problemursache: Verzicht auf die variablen Material- und Fertigungsgemeinkosten in dem Mindestbetrag der Herstellungskosten

1. ***Zuschlagskalkulation***

Definition: ***Einzelkosten***: dem Kostenträger zuordenbar
Gemeinkosten: ***dem Kostenträger zurechenbar***

Problem der tatsächlichen Zuordnung, insbesondere bei Vereinfachung aus Praktikabilitätsgründen (= ***unechte Gemeinkosten***)

Problem der Abgrenzung der Leistungseinheit (der Kostenträgereinheit)

Problem zunehmender Fertigungstiefe

2. ***Divisionskalkulation***

Problem der Trennung der Gesamtkosten (ggf. der Stufengesamtkosten) in Einzel- und Gemeinkosten

3. ***Kalkulation bei Kuppelproduktion***

Ausschluß der Einzelkosten bei vollständiger Kuppelproduktion

Problem fiktiver Zuordnung auf die Gesamtproduktion

Einzelkosten bei Weiterverarbeitung

Aufgabe, Ursachen und Arten der Abschreibung

Aufgabe der Abschreibung

= ***rechnerische Erfassung von Wertminderungen*** der Vermögensgegenstände

Ursachen der Abschreibung

- ***verbrauchsbedingte*** Ursachen
  - ☞ Abnutzung durch Gebrauch
  - ☞ natürlicher Verschleiß (z.B. durch Verwitterung)
  - ☞ Substanzverringerung
- ***wirtschaftlich bedingte*** Ursachen
  - ☞ technischer Fortschritt
  - ☞ Nachfrageänderung
  - ☞ Sinken der Wiederbeschaffungspreise
  - ☞ Fehlinvestition
- ***zeitlich bedingte*** Ursachen
  - ☞ Ablauf von Patentschutz
  - ☞ Ablauf von Konzessionen

Arten der Abschreibung

- nach dem bilanziellen Ausweis
  - ☞ direkte Abschreibung ***aktiv***
  - ☞ indirekte Abschreibung ***passiv***
- nach der ***Wiederkehr*** der Abschreibung
  - ☞ ***planmäßige*** Abschreibung
  - ☞ ***außerplanmäßige*** Abschreibung
- nach dem ***Rechenwerk*** der Abschreibung
  - ☞ ***kalkulatorische*** Abschreibung
  - ☞ ***pagatorische*** Abschreibung

Determinanten und Methoden planmäßiger Abschreibung

Determinanten der auf ein Geschäftsjahr entfallenden Abschreibung

Abschreibungssumme

	Anschaffungs- bzw. Herstellungskosten	(AHK)
./.	Restwert (z.B. Schrottwert)	(R)

Abschreibungsdauer

= ***betriebsgewöhnliche Nutzungsdauer*** (n) ***(AfA-Tabellen)***

Abschreibungsmethode

Anforderung und Zulässigkeit:

- ***Die Abschreibungsmethode muß mit den GoB vereinbar sein.***
- Sie gilt als vereinbar, wenn sie eine betriebswirtschaftlich sinnvolle, nicht willkürliche zeitliche Verteilung der Abschreibungssumme vornimmt.
- Für die steuerliche Anerkennung gelten spezielle Anforderungen.
- Zulässig sind insbesondere:

lineare Abschreibung

degressive Abschreibung

- arithmetisch- oder geometrisch degressiv
- Abschreibung in Staffelsätzen (z. B. Gebäudeabschreibung) ***(steuerlich nur noch für Wohngebäude)***

leistungsabhängige Abschreibung

kombinierte degressiv-lineare Abschreibung

Ausnahmsweise: progressive Abschreibung

Lineare Abschreibung

Kennzeichnung

Abschreibungsbeträge pro Jahr sind (absolut) gleich hoch.

Zulässigkeit

Stets zulässig!
(handels- und steuerrechtlich)

Berechnung

$$A_t = \frac{AHK - R}{n}$$

A_t = Abschreibungsbetrag der t-ten Periode

Verlauf

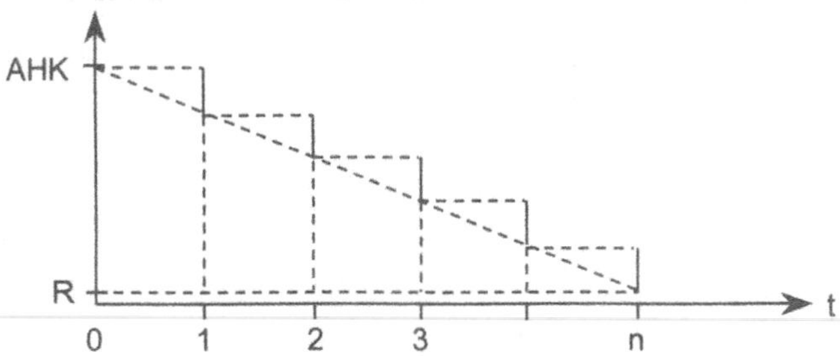

Beurteilung

☞ **einfache Berechnung für die gesamte Abschreibungsdauer**

☞ **gleichmäßige Belastung der Geschäftsjahre**

Geometrisch-degressive Abschreibung

Kennzeichnung

Ein über sämtliche Abschreibungsperioden gleichbleibender Abschreibungsprozentsatz wird auf den jeweiligen Restbuchwert angewandt (***Buchwertabschreibung***).

Zulässigkeit

Das Degressionsmaß darf nicht unvertretbar von der tatsächlichen Wertentwicklung abweichen.

Berechnung

$$P = 100 \left(1 - \sqrt[n]{\frac{R}{AHK}}\right) \qquad A_t = P \left(AHK - \sum_{t=1}^{n} A_{t-1}\right)$$

P = Abschreibungsprozentsatz

I.d.R. Entscheidung über den Abschreibungsprozentsatz im Hinblick auf steuerliche Vorschriften, z.B. 20%, maximal das Zweifache der linearen Abschreibung

Verlauf

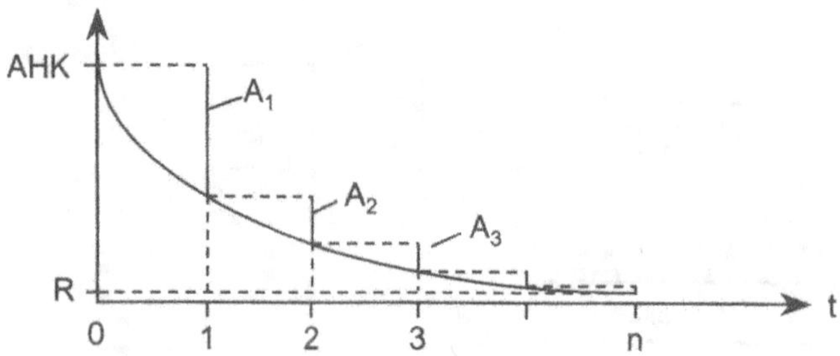

Beurteilung

- aufwendigere Berechnung als bei linearer Abschreibung
- kann der tatsächlichen Wertminderung u.U. besser als lineare Abschreibung entsprechen
- u.U. am Anfang Bildung, am Ende Auflösung stiller Reserven
- ggf. Kompensation mit Wartungsaufwand

Arithmetisch-degressive Abschreibung

Kennzeichnung

Die Abschreibungsbeträge fallen von Rechnungsperiode zu Rechnungsperiode jeweils um den gleichen Betrag.

Sonderform: Bei ***digitaler Abschreibung*** beläuft sich der Unterschiedsbetrag genau auf den Abschreibungsbetrag der letzten Periode.

Zulässigkeit

Das Degressionsmaß darf nicht unvertretbar von der tatsächlichen Wertentwicklung abweichen.

Berechnung

für digitale Abschreibung

$$d = AHK / \sum_{t=1}^{n} t$$

d = Abschreibungsdifferenz zwischen zwei aufeinanderfolgenden Perioden, zugleich letzte Abschreibung

$$A_t = d\ (n - (t - 1))$$

Verlauf

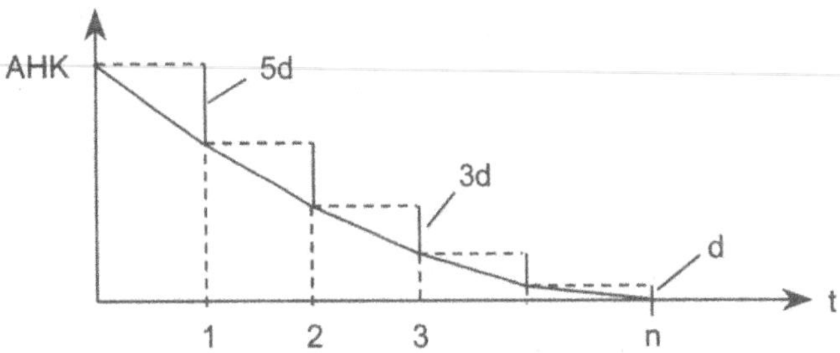

Beurteilung

- ☞ wie geometrisch-degressive Abschreibung
- ☞ geringe Bedeutung, da steuerlich nicht zugelassen

Leistungsabhängige Abschreibung

Kennzeichnung

Die Abschreibungssumme wird in einer ersten Stufe einem ***Gesamtleistungspotential*** zugerechnet und in der zweiten Stufe nach der ***tatsächlich erbrachten Leistung*** auf die Zeit verteilt.

Zulässigkeit

Zulässig, wenn tatsächliche Leistung in etwa ermittelbar

Berechnung

$$\text{Abschreibung pro Leistungseinheit} = \frac{\text{AHK ./. R}}{\text{Gesamtleistungspotential}}$$

$$A_t = \frac{\text{(AHK ./. R) x Leistung in der Periode t}}{\text{Gesamtleistungspotential}}$$

Verlauf

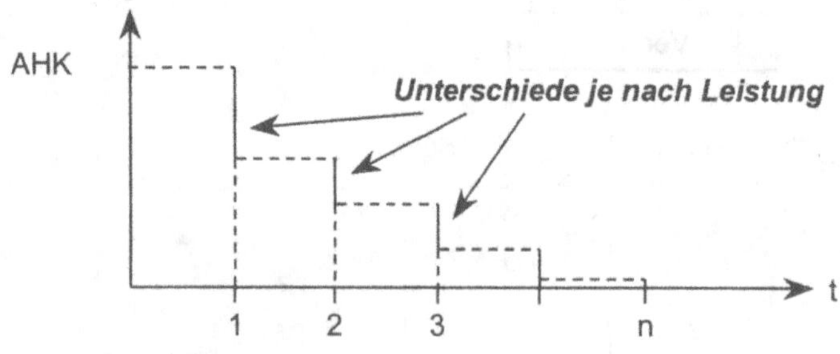

Beurteilung

- aufwendige Berechnung
- Abschreibungsberechnung einseitig leistungsbezogen
- Aufwandsverrechnung entspricht u.U. der Ertragsentstehung

Wechsel der Abschreibungsmethode

Wechsel der Abschreibungsmethode ist zulässig, wenn er nicht dem Gebot der Bewertungsstetigkeit widerspricht.

Wird regelmäßig von der degressiven in die lineare Abschreibung in der Periode gewechselt, in der sich durch den Wechsel die höheren Abschreibungsbeträge je Periode ergeben, so gilt dies als eine kombinierte Abschreibungsmethode.

Beispiel: AHK = 100.000; R = 0; n = 10
Geometrisch-degressive Abschreibung mit 20%

Periode	Anfangs-bestand	degressive Abschreibung	End-bestand	Teiler	lineare Rest-abschreibung
1	100.000	20.000	80.000	10	10.000
2	80.000	16.000	64.000	9	8.889
3	64.000	12.800	51.200	8	8.000
4	51.200	10.240	40.960	7	7.314
5	40.960	8.192	32.768	6	6.827
6	32.768	6.554	26.214	5	6.554
7	26.214	5.243	20.971	4	6.554
8	20.971	4.194	16.777	3	6.990
9	16.777	3.355	13.422	2	8.389
10	13.422	13.422	0	1	13.422

Beurteilung

Schlußabschreibung bei degressiver Abschreibung wird durch Wechsel in lineare Abschreibung auf mehrere Jahre (hier 4) verteilt und vorgezogen.

Außerplanmäßige Abschreibungen im Anlagevermögen

Bewertungsmaßstäbe

der niedrigere Wert, der den Gegenständen am Abschlußstichtag ***beizulegen ist*** (§ 253 Abs. 2 Satz 3 HGB)

- ☞ Orientierung an dem für die Bewertung maßgebenden ***Beschaffungsmarkt***
- ☞ Orientierung am ***Zustand und der Verwendbarkeit*** des Gegenstands

der niedrigere Wert, der auf einer nur ***steuerrechtlich zulässigen Abschreibung*** beruht (§ 254 HGB)

- ☞ Teilwert, soweit er steuerlich in Frage kommt:
  § 6 Abs. 1 Nr. 1 Satz 3 EStG: "Teilwert ist der Betrag, den ein Erwerber des ganzen Betriebs im Rahmen des Gesamtkaufpreises für das einzelne Wirtschaftsgut ansetzen würde; dabei ist davon auszugehen, daß der Erwerber den Betrieb fortführt." (ist letztlich ein kaufmännisch vernünftiger Wert)
- ☞ Erinnerungswert bei Sofortabschreibung (GWG)
- ☞ spezielle Werte aufgrund einzelgesetzlicher Regelungen, z.B. Sonderabschreibungen zur Förderung kleiner und mittlerer Betriebe gem. § 7g EStG

Bewertungsmethoden im Anlagevermögen

Grundsatz (§ 252 Abs. 1 Nr. 3 HGB):

Einzelbewertung

Bewertungsvereinfachungsverfahren (Sammelbewertung):

Durchschnittsbewertung / Gruppenbewertung
§ 256 Satz 2 i.V.m. § 240 Abs. 4 HGB: "Gleichartige Vermögensgegenstände des Vorratsvermögens sowie andere ***gleichartige oder annähernd gleichwertige bewegliche Vermögensgegenstände*** ... können jeweils zu einer Gruppe zusammengefaßt und mit dem gewogenen Durchschnittswert angesetzt werden."

Festbewertung
§ 256 Satz 2 i.V.m. § 240 Abs. 3 HGB: "Vermögensgegenstände des Sachanlagevermögens sowie Roh-, Hilfs- und Betriebsstoffe können, wenn sie regelmäßig ersetzt werden und ihr Gesamtwert für das Unternehmen von nachrangiger Bedeutung ist, mit einer ***gleichbleibenden Menge und einem gleichbleibenden Wert*** angesetzt werden, ***sofern ihr Bestand in seiner Größe, seinem Wert und seiner Zusammensetzung*** nur ***geringen*** Veränderungen unterliegt."

- ☞ keine Anwendung für Finanzanlagevermögen und immaterielle Vermögensgegenstände
- ☞ regelmäßige Substitution als Bedingung
- ☞ nachrangige Bedeutung des Gesamtwerts für das Unternehmen
- ☞ Bestandsaufnahme alle drei Jahre

Verbrauchsfolgeunterstellung

- ☞ Im Anlagevermögen keine Verbrauchsfolgeunterstellung zulässig

Bewertungsmaßstäbe für Gegenstände des Umlaufvermögens (§§ 253, 254 HGB)

1. ***Anschaffungs- bzw. Herstellungskosten***

2. aus dem ***Börsen- oder Marktpreis*** des Abschlußstichtags abgeleiteter Wert

- ☞ Börsenpreis = der an einer Börse bei tatsächlichen Umsätzen ermittelte Preis
- ☞ Marktpreis = derjenige Preis, der an einem Handelsplatz für Waren einer Gattung von durchschnittlicher Art und Güte im Durchschnitt gewährt wird
- ☞ abgeleitet = Berücksichtigung von Art- und Güteabweichungen

3. (falls nicht 2) der den Gegenständen am Abschlußstichtag ***beizulegende Wert***

- ☞ Orientierung am Markt, hauptsächlich Absatzmarkt ***(retrograde Bewertung)***
- ☞ verlustfreie Bewertung
- ☞ ggf. Gängigkeitsabschlag, Reichweitenabschreibung
- ☞ Berücksichtigung der Wertentwicklung bis zum Bilanzstichtag
- ☞ Diskontierung unverzinslicher oder niedrig verzinslicher und Abwertung unsicherer Forderungen

4. der Wert, der bei vernünftiger kaufmännischer Beurteilung notwendig ist, um zu verhindern, daß in der nächsten Zukunft der Wertansatz dieser Gegenstände aufgrund von Wertschwankungen geändert werden muß ***("Zukunftswert")***. Mögliche Vorwegnahme der Entwicklung bis zu zwei Jahren ***(verlustfreie Bewertung)***.

5. der Wert, der auf einer nur steuerrechtlich zulässigen Abschreibung beruht ***(steuerlicher Wert)***

Bewertungsmethoden im Umlaufvermögen Überblick

Grundsatz: Methode der Einzelbewertung
Keine Kompensation von Veränderungen bei verschiedenen Vermögensgegenständen

Vereinfachungsregelungen

Anwendung	Verfahren	Bedingungen
Umlaufvermögen	Gruppenbewertung ***Durchschnittswert***	vgl. Anlagevermögen
Roh-, Hilfs- und Betriebsstoffe	Festbewertung ***beibehaltener, aus Einzelwerten ermittelter Gesamtwert***	vgl. Anlagevermögen
Vorratsvermögen	Verbrauchsfolgeunterstellungen	gleichartige Gegenstände; muß GoB entsprechen

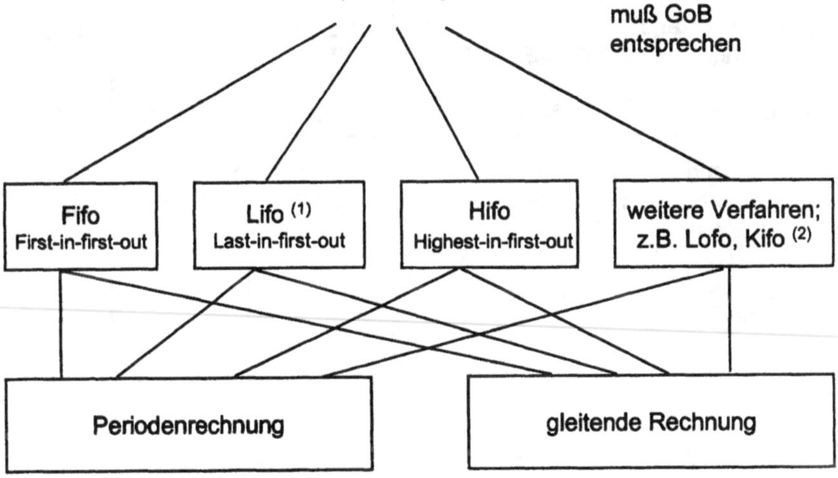

(1) auch steuerlich zulässig

(2) Lowest-in-first-out, Konzern-in-first-out

Anwendung der Verbrauchsfolgeverfahren als Periodenrechnung

Bestandsbewegungen		Durchschnitt	Fifo	Lifo	Hifo
1. Jan.	Anfangsbestand 1.000 ME à 15 GE		V 950x15	B 1.000x15	V 150x15
4. Feb.	Zugang 210 ME à 18 GE			B 55x18	V 210x18
8. Feb.	Abgang 300 ME				
8. März	Zugang 280 ME à 16 GE				V 280x16
5. April	Abgang 280 ME				
2. Aug.	Zugang 310 ME à 19 GE				V 310x19
9. Sep.	Abgang 140 ME				
4. Dez.	Zugang 205 ME à 14 GE				
7. Dez.	Abgang 230 ME				
Anfangsbestand + Zugänge	2.005 ME	15.000 +17.020	15.000 +17.020	15.000 +17.020	15.000 +17.020
Verbrauch	950 ME	./.15.172	./.14.250	./.16.030	./.16.400
Endbestand lt. Inventur (= Anfangsbestand der Folgeperiode = keine Bildung von Layern)	1.055 ME	=16.848	=17.770	=15.990	=15.620

V = Verbrauch; B = Bestand

Layer = Mehrbestand am Jahresende im Vergleich zum Anfangsbestand des Jahres (55 ME)

Anwendung der Verbrauchsfolgeverfahren als gleitende Rechnung (I)

	Durch-schnitt		Fifo	
1. Jan.	1.000 x 15	= 15.000		15.000
4. Feb.	+210 x 18	= 3.780		+3.780
	=1.210 x 15,52	= 18.780		18.780
8. Feb.	./.300 x 15,52	= 4.656	./. 300 x 15 =	./.4.500
	= 910 x 15,52	= 14.124		14.280
8. März	+280 x 16	= 4.480		4.480
	=1.190X15,63	= 18.604		18.760
5. April	./.280x 15,63	= 4.376	./. 280 x 15 =	./.4.200
	= 910 x 15,63	= 14.228		14.560
2. Aug.	+310 x 19	= 5.890		5.890
	=1.220 x 16,49	= 20.118		20.450
9. Sept.	./.140 x 16,49	= 2.309	./. 140 x 15 =	./.2.100
	=1.080 x 16,49	= 17.809		18.350
4. Dez.	+205 x 14	= 2.870		2.870
	=1.285 x 16,09	= 20.679		21.220
7. Dez.	./.230 x 16,09	= 3.701	./. 230 x 15 =	./.3.450
Endbest.	1.055 ME	16.978		17.770
Verbrauch		15.042		14.250

Anwendung der Verbrauchsfolgeverfahren als gleitende Rechnung (II)

	Lifo		Hifo	
1. Jan.		15.000		15.000
4. Feb.		3.780		+3.780
		18.780		18.780
8. Feb.	./.210 x 18 =	./.3.780	./. 210 x 18 =	./.3.780
	./.90 x 15 =	./.1.350	./.90 x 15 =	./.1.350
		13.650		13.650
8. März		4.480		4.480
		18.130		18.130
5. April	./.280 x 16 =	./.4.480	./. 280 x 16 =	./.4.480
		13.650		13.650
2. Aug.		5.890		5.890
		19.540		19.540
9. Sept.	./.140 x 19 =	2.660	./. 140 x 19 =	./.2.660
		16.880		16.880
4. Dez.		2.870		2.870
		19.750		19.750
7. Dez.	./.205 x 14 =	./.2.870	./. 60 x 15 =	./.900
	./.25 x 19 =	./.475	./. 170 x 19 =	./.3.230
Endbest.	1.055 ME	16.405		15.620
Verbrauch		15.615		16.400

Nach der Anwendung der Verbrauchsfolgeverfahren zur Ermittlung der Anschaffungs- bzw. Herstellungskosten ist eine Abstimmung mit dem Tageswert (Niederstwerttest) erforderlich.

Bewertung der Passivseite

Gezeichnetes Kapital

- Bewertung zum ***Nennwert*** (§ 283 HGB)

Sonderposten mit Rücklageanteil

- Dotierung nach steuerlichen Einzelvorschriften

Verbindlichkeiten

- grundsätzlich: Dotierung zum ***Rückzahlungsbetrag*** (§ 253 Abs. 1 Satz 2 HGB)
- bei Fremdwährungsverbindlichkeiten Ansatz des Briefkurses unter Beachtung des Imparitätsprinzips (Ansatz steigender Werte)
- Rentenverpflichtungen, für die eine Gegenleistung nicht mehr zu erwarten ist: Dotierung zum Barwert (§ 253 Abs. 1 Satz 2 HGB)

Rückstellungen

- grundsätzlich: Bewertung wie Verbindlichkeiten
- wegen der Ungewißheit und Schätzungsproblematik: "Rückstellungen (sind) ***nur in Höhe des Betrags anzusetzen, der nach vernünftiger kaufmännischer Beurteilung notwendig*** ist". (§ 253 Abs. 1 Satz 2 HGB)
- Auflösung von Rückstellungen: "Rückstellungen dürfen nur aufgelöst werden, soweit der Grund hierfür entfallen ist." (§ 249 Abs. 3 Satz 2 HGB)

Nur in der Steuerbilanz besteht eine generelle ***Pflicht zur Abzinsung unverzinslicher langfristiger Verbindlichkeiten und Rückstellungen*** mit einem Zinssatz von 5,5% (§ 6 Abs. 1 Nr. 3 und Nr. 3a e) EStG)

Bildung und Auflösung von Pensionsrückstellungen

Zuführung zu Pensionsrückstellungen

im Unternehmen nicht mehr tätige Pensionsberechtigte	im Unternehmen noch tätige Pensionsberechtigte
Barwert der Periode	***Teilwert der Periode***
./. Barwert der Vorperiode	./. Teilwert der Vorperiode
= Zuführungsbetrag der Periode	= Zuführungsbetrag der Periode

Teilwert = steuerlicher Ansatz
= ***Barwert ./. Versicherungsgegenwert bis zum Renteneintritt***

- ☞ voraussichtlicher Umfang der künftigen Leistungen ergibt sich aus den Erlebenswahrscheinlichkeiten sowie der Höhe der zu zahlenden Beträge
- ☞ Abzinsungssatz:
  - handelsrechtlich nicht unter 3%; i.d.R. 5,5% - 6%
  - steuerrechtlich: 6% (§ 6a Abs. 3 Satz 3 EStG)

Auflösung von Pensionsrückstellungen

aufgrund laufender Pensionszahlungen

Barwert am Schluß der Periode
./. Barwert am Schluß der vorangegangenen Periode
= Auflösungsbetrag

aufgrund des Wegfalls der Pensionsverpflichtung

Auflösungsbetrag = Barwert am Schluß der vorangegangenen Periode

Das Wertaufholungsgebot für Kapitalgesellschaften

Pflicht zur Wertaufholung gem. § 280 Abs. 1 HGB

- wenn bei einem Vermögensgegenstand
  - des Anlagevermögens außerplanmäßige Abschreibungen vorgenommen wurden, um den niedrigeren beizulegenden Wert anzusetzen (§ 253 Abs. 2 Satz 3 HGB)
  - des Umlaufvermögens Abschreibungen vorgenommen wurden, um den niedrigeren Börsen- oder Marktpreis bzw. beizulegenden Wert anzusetzen (§ 253 Abs. 3 Satz 1 und 2 HGB)
  - des Umlaufvermögens eine nach vernünftiger kaufmännischer Beurteilung notwendige Abschreibung vorgenommen wurde, um eine Änderung des Wertansatzes auf Grund von Wertschwankungen in der nächsten Zukunft zu verhindern. (§ 253 Abs. 3 Satz 3 HGB)
  - des Anlage- oder Umlaufvermögens Abschreibungen vorgenommen wurden, um den Vermögensgegenstand mit dem niedrigeren Wert anzusetzen, der auf einer nur steuerrechtlich zulässigen Abschreibung beruht (§ 254 Satz 1 HGB)
  - ***grundsätzlich nur bei außerplanmäßigen Abschreibungen***
- und die Gründe für die Abschreibung nicht mehr bestehen

Bei Einzelkaufleuten und Personengesellschaften, soweit für sie nach § 264a HGB die Vorschriften für Kapitalgesellschaften nicht gelten, besteht ***kein*** Wertaufholungsgebot.

Relativierung der Pflicht zur Wertaufholung

Nach § 280 Abs. 2 HGB ***kann*** von der Zuschreibung nach Absatz 1 ***abgesehen werden,*** wenn

der niedrigere Wert ***bei der steuerrechtlichen Gewinnermittlung beibehalten werden kann***

Nach § 6 Abs. 1 Nr. 1 Satz 4 EStG und § 6 Abs. 1 Nr. 2 Satz 3 EStG ist allerdings eine Zuschreibung auf einen höheren Wert, maximal auf die Anschaffungs- bzw. Herstellungskosten vorzunehmen, wenn der Steuerpflichtige einen niedrigeren Teilwert nicht nachweisen kann. Damit ist eine der Bedingungen für den Verzicht auf eine Wertaufholung entfallen.

und

der niedrigere Wertansatz auch in der Bilanz (= Handelsbilanz) beibehalten wird.

Ggf. ist der Betrag der im Geschäftsjahr aus steuerrechtlichen Gründen unterlassenen Zuschreibung im Anhang anzugeben und hinreichend zu begründen.
(§ 280 Abs. 3 HGB)

Der Zuschreibungsbetrag

Der mögliche Zuschreibungsbetrag ist bestimmt durch:

- den über dem Buchwert des Vermögensgegenstands liegenden Tageswert;
- bei nicht abnutzbaren Vermögensgegenständen durch die Anschaffungs- bzw. Herstellungskosten, die nicht überschritten werden dürfen;
- bei abnutzbaren Vermögensgegenständen durch die zu berücksichtigenden planmäßigen "***Abschreibungen, die inzwischen vorzunehmen gewesen wären***". (§ 280 Abs. 1 HGB)

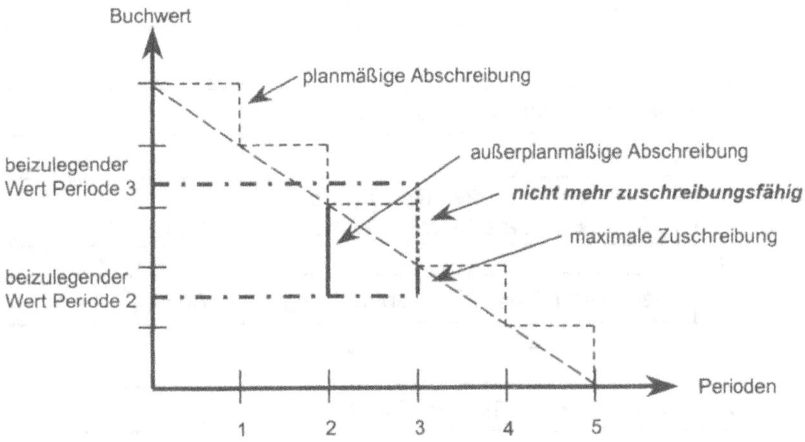

In der GuV ist der Zuschreibungsbetrag in den "sonstigen betrieblichen Erträgen" (Posten 4 bei Verwendung des Gesamtkostenverfahrens und Posten 6 bei Verwendung des Umsatzkostenverfahrens) auszuweisen.

Wertaufholungsrücklage

Wahlrecht zur Bildung einer ***Wertaufholungsrücklage*** gem. § 58 Abs. 2a AktG bzw. § 29 Abs. 4 GmbHG

- Umfang der Wertaufholungsrücklage

  Eigenkapitalanteil von Wertaufholungen bei Vermögensgegenständen des Anlage- und Umlaufvermögens und von bei der steuerrechtlichen Gewinnermittlung gebildeten Passivposten, die nicht Sonderposten mit Rücklageanteil darstellen.

  - Steuersatz zur Ermittlung des Eigenkapitalanteils: vgl. Steuersatz für latente Steuern

- Ausweis der Wertaufholungsrücklage
  - in dem Posten: ***andere Gewinnrücklagen*** (§ 58 Abs. 2a Satz 1 AktG; § 29 Abs. 4 Satz 2 GmbHG)
  - gesonderter Ausweis, andernfalls Angabe im Anhang

- Auflösung der Wertaufholungsrücklage
  - es gilt die allgemeine Regelung für andere Gewinnrücklagen

Ergänzende Bewertungsregeln

1. Abschreibung aktivierter Aufwendungen für die Ingangsetzung und Erweiterung des Geschäftsbetriebs um jährlich ***mindestens 25 %***, beginnend im Jahr nach der Aktivierung (§ 282 HGB)

2. Abschreibung eines aktivierten Geschäfts- oder Firmenwerts um ***mindestens 25 % oder planmäßig*** während der Geschäftsjahre, in denen er voraussichtlich genutzt wird (***Schätzung der Nutzungsdauer*** / steuerliche Nutzungsdauer = 15 Jahre) (§ 255 Abs. 4 Sätze 2 und 3 HGB)

3. Für ***Einzelkaufleute und Personengesellschaften*** gilt: "***Abschreibungen*** sind außerdem im Rahmen ***vernünftiger kaufmännischer Beurteilung*** zulässig." (§ 253 Abs. 4 HGB)

   - Abwertung über den niedrigeren beizulegenden Wert hinaus
   - gesamtunternehmensbezogene Gründe
   - Willkürgrenze für zulässige Abschreibungen ist zu beachten

   Dies gilt nach § 279 Abs.1 Satz 1 HGB nicht für Kapitalgesellschaften und nicht für die in § 264a HGB genannten Personengesellschaften.

Gliederung der Gewinn- und Verlustrechnung
- Gesamtkostenverfahren (§ 275 Abs. 2 HGB) -

1. Umsatzerlöse
2. Erhöhung / Verminderung des Bestands an fertigen und unfertigen Erzeugnissen
3. andere aktivierte Eigenleistungen
4. sonstige betriebliche Erträge
5. Materialaufwand:
   a) Aufwendungen für Roh-, Hilfs- und Betriebsstoffe und für bezogene Waren
   b) Aufwendungen für bezogene Leistungen
6. Personalaufwand:
   a) Löhne und Gehälter
   b) soziale Abgaben und Aufwendungen für Altersversorgung und für Unterstützung, davon für Altersversorgung
7. Abschreibungen:
   a) auf immaterielle Vermögensgegenstände des Anlagevermögens und Sachanlagen sowie auf aktivierte Aufwendungen für die Ingangsetzung und Erweiterung des Geschäftsbetriebs
   b) auf Vermögensgegenstände des Umlaufvermögens, soweit diese die in der Kapitalgesellschaft üblichen Abschreibungen überschreiten
8. sonstige betriebliche Aufwendungen
9. Erträge aus Beteiligungen, davon aus verbundenen Unternehmen
10. Erträge aus anderen Wertpapieren und Ausleihungen des Finanzanlagevermögens, davon aus verbundenen Unternehmen
11. sonstige Zinsen und ähnliche Erträge, davon aus verbundenen Unternehmen
12. Abschreibungen auf Finanzanlagen und auf Wertpapiere des Umlaufvermögens
13. Zinsen und ähnliche Aufwendungen, davon an verbundene Unternehmen
14. ***Ergebnis der gewöhnlichen Geschäftstätigkeit***
15. außerordentliche Erträge
16. außerordentliche Aufwendungen
17. ***außerordentliches Ergebnis***
18. Steuern vom Einkommen und vom Ertrag
19. sonstige Steuern
20. ***Jahresüberschuß / Jahresfehlbetrag***

Bei Kapitalgesellschaften ggf. Weiterführung um ***Ergebnisvortrag*** und ***Rücklagenbewegungen*** bis zum ***Bilanzgewinn / Bilanzverlust***.

Gliederung der Gewinn- und Verlustrechnung
- Umsatzkostenverfahren (§ 275 Abs. 3 HGB) -

1. Umsatzerlöse
2. ***Herstellungskosten*** der zur Erzielung der Umsatzerlöse erbrachten Leistungen
3. Bruttoergebnis vom Umsatz
4. ***Vetriebskosten***
5. ***allgemeine Verwaltungskosten***

   } vollständige Aufwendungen des Geschäftsjahres
6. sonstige betriebliche Erträge
7. sonstige betriebliche Aufwendungen
8. Erträge aus Beteiligungen, davon aus verbundenen Unternehmen
9. Erträge aus anderen Wertpapieren und Ausleihungen des Finanzanlagevermögens, davon aus verbundenen Unternehmen
10. sonstige Zinsen und ähnliche Erträge, davon aus verbundenen Unternehmen
11. Abschreibungen auf Finanzanlagen und auf Wertpapiere des Umlaufvermögens
12. Zinsen und ähnliche Aufwendungen, davon an verbundene Unternehmen
13. ***Ergebnis der gewöhnlichen Geschäftstätigkeit***
14. außerordentliche Erträge
15. außerordentliche Aufwendungen
16. ***außerordentliches Ergebnis***
17. Steuern vom Einkommen und vom Ertrag
18. sonstige Steuern
19. ***Jahresüberschuß / Jahresfehlbetrag***

Bei Kapitalgesellschaften ggf. Weiterführung um ***Ergebnisvortrag*** und ***Rücklagenbewegungen*** bis zum ***Bilanzgewinn / Bilanzverlust***.

Grundfragen der Bilanztheorien

Funktionen der Bilanztheorien

1. ***Erklärungsfunktion***:

   Formulierung und Prüfung von Kausalhypothesen

2. ***Gestaltungsfunktion***:

   Ableitung von Verhaltensregeln für eine zweckgerechte Bilanzerstellung

Zweck der Bilanzerstellung

Bilanzauffassungen:

- Erfolgsermittlung (Erfolgsbilanz)
  monistisch
- Vermögensermittlung (Vermögensbilanz)
  monistisch
- Erfolgs- und Vermögensermittlung
  dualistisch

Bedingung der Bilanzerstellung
(Erhaltungskonzepte)

Nominale Kapitalerhaltung	(unveränderte Währung)
Reale oder materielle Kapitalerhaltung	(Ausgleich der Geldwertänderung)
Substantielle Kapitalerhaltung	(Ausgleich der Preisänderung)

Überblick über die Bilanztheorien

Statische Bilanztheorien	
Kennzeichnung:	Die Bilanz dient der möglichst genauen Ermittlung des am Bilanzstichtag vorhandenen ***Vermögens*** und ***Kapitals*** sowie deren Zusammensetzung.
Hauptvertreter:	***Rieger***, LeCoutre

Dynamische Bilanztheorien	
Kennzeichnung:	Die Bilanz dient der möglichst genauen Ermittlung des in der Abschlußperiode ***erwirtschafteten Ergebnisses.***
Hauptvertreter:	***Schmalenbach***, Walb, Kosiol

Organische Bilanztheorien	
Kennzeichnung:	Die Bilanz dient der möglichst genauen Ermittlung der am Bilanzstichtag vorhandenen (Vermögens-) ***Substanz*** sowie des in der Bilanzperiode eingetretenen ***Erfolgs als Substanzänderung.***
Hauptvertreter:	***F. Schmidt***

Nominale Bilanztheorie von Rieger

Grundlage: Das Unternehmen ist ein Instrument zur ***Erzielung von Geldeinkommen*** (Gewinn).

Die Gewinnerzielung erfolgt durch einen Geldumwandlungsprozeß:

Geld → Nichtgeld → (Wieder-)Geld

└── Mehr - Geld (Gewinn) ──┘

Bezeichnung der Bilanzauffassung:

Aufgrund der Nominalrechnung in Geld

Zuverlässiges Abrechnungsinstrument
Totalabrechnung am Ende oder beim Verkauf des Unternehmens Begründung: Geldumwandlungsprozesse beendet

Hilfsweises Abrechnungsinstrument
Jahresbilanz Begründung: Informationsbedarf Konsequenz: - Geldliches Ende der Geldumwandlungsprozesse durch Abzinsung vorwegnehmen (heutiger Wert) - Ergebnisermittlung ungenau (Abzinsung !) - Ergebnisermittlung durch Bestandsvergleich

Totale Bilanztheorie von LeCoutre

Grundlage: Bilanz ist ein Recheninstrument, das in der Lage sein muß, entsprechend seinem natürlichen Inhalt seinen sämtlichen praktischen Zweckbestimmungen im Betrieb zu dienen.

Zweckbestimmungen der Bilanz:

" 1. Elementar organisatorische:
Geordnete und übersichtliche Darstellung der Vermögens- und Kapitalbestände (Wirtschaftssubstanz) nach Art, Höhe, Herkunft und Verbleib (Ordnungs- und Übersichtsaufgabe);

2. Verwaltungsmäßige:
Ersichtlichmachung
a) des Aufbaus des Betriebs- und Unternehmensorganismus in materieller (Vermögen) und finanzieller (Kapital) Hinsicht,
b) des elementaren Lebensablaufes in Gestalt der Bestandsbewegung (Umsatzbilanz),
c) des fundamentalen Lebensablaufes in Gestalt von Aufwendungen (Kosten) als Substanzverbrauch und von Erträgen (Erlösen) als Substanzersatz,
d) des Betriebserfolges durch Substanzzuwachs oder Substanzverminderung (Gewinne und Verluste);

3. Wirtschaftserkenntnismäßige:
Offenlegung
a) der Leistungen des Betriebes,
b) der Risiken des Betriebes,
c) der Wirtschaftlichkeit des Betriebes,
d) der Rentabilität des Betriebes,
e) des Gesundheitszustandes des Betriebes,
f) der Entwicklung des Betriebes."

(Heinen, Edmund: Handelsbilanzen, 12. Aufl., Wiesbaden 1986, S. 43 f.)

Konsequenzen für die Bilanzgliederung:

Betriebskapital	Unternehmenskapital
Werbendes Kapital	Eigenkapital
Sicherungskapital	Grundkapital
Sozialkapital	Erweiterungskapital
Verwaltungskapital	Sicherungskapital
Überschußkapital	temporäres Zusatzkapital
	Fremdkapital
z.T. Verankerung in der Handelsbilanz	(strukturiert nach Fristigkeit, Herkunft und Relation zum Betriebskapital)

Dynamische Bilanztheorie von Schmalenbach (I)

Hauptzweck des kaufmännischen Rechnungswesens:
Erfolgsermittlung für die Unternehmenssteuerung

Instrument mit richtigem Ergebnis:
Gegenüberstellung der Einnahmen und Ausgaben (Änderung des Geldvermögens) in einer Totalrechnung (als Geldrechnung)

Instrument mit brauchbarem Ergebnis: ***Jahresabschluß***

Grundgedanke: Periodenabrechnung zum Jahresabschluß (über "vernichtete Werte" und "geschaffene Werte" aus der Geldrechnung) als Ausschnitt aus einem Wertstrom

Zweck: Ermittlung eines ***möglichst aussagefähigen vergleichbaren Periodenergebnisses*** durch Gegenüberstellung periodenbezogenen Wertverzehrs (Aufwand) und periodenbezogener Wertentstehung (Ertrag)

Mittel:

Ableitung periodenbezogener Erfolgskomponenten	aus ←	zahlungsmäßigen Erfolgskomponenten
Aufwand Ertrag		Ausgaben Einnahmen

Folge: Gewinn- und Verlustrechnung = Gegenüberstellung von der Periode zugerechneten Ausgaben und Einnahmen (abgerechnete Geschäfte)

Bilanz = Abrechnungsinstrument für die Periodenrechnung

- Auflistung der schwebenden Geschäfte
- Kräftespeicher

Bilanz = Vorkonto der Gewinn- und Verlustrechnung

Dynamische Bilanztheorie von Schmalenbach (II)

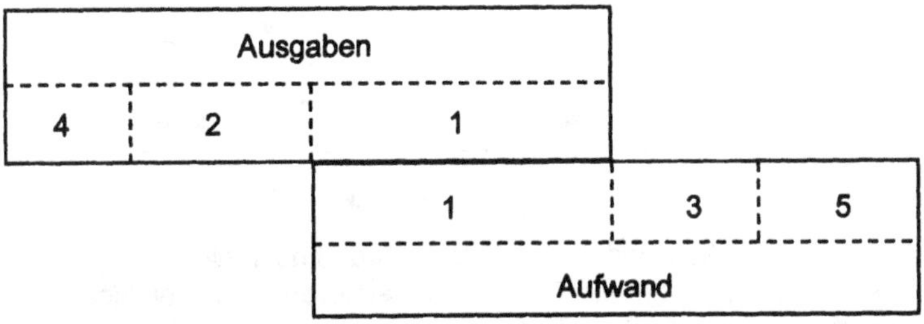

1. Ausgaben der Periode = Aufwand der Periode
   (Beispiel: Barkauf verbrauchter Rohstoffe)
2. Ausgabe der Periode = Aufwand einer späteren Periode
   (Barkauf einer längerlebigen Maschine)
3. Aufwand der Periode = Ausgabe einer früheren Periode
   (Abschreibung einer früher gekauften Maschine)
4. Ausgaben, die niemals Aufwand
   (Beispiel: Privatentnahme)
5. Aufwand, der niemals Ausgabe
   (Beispiel: Abschreibung auf geschenkte Maschine)

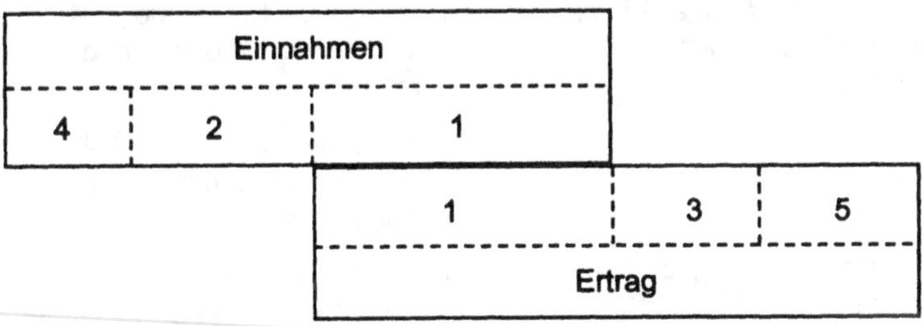

1. Einnahmen der Periode = Ertrag der Periode
   (Beispiel: Barverkauf)
2. Einnahme der Periode = Ertrag einer späteren Periode
   (Beispiel: erhaltene Kundenanzahlungen)
3. Ertrag der Periode = Einnahme in einer späteren Periode
   (Beispiel: Produktion auf Lager)
4. Einnahmen, die niemals Ertrag
   (Beispiel: Rückzahlung eines Darlehens durch den Schuldner)
5. Ertrag, der niemals Einnahmen
   (Beispiel: selbsterstellte und selbstgenutzte Anlage)

Dynamische Bilanztheorie von Schmalenbach (III)

Erklärung des Inhalts von Bilanz sowie Gewinn- und Verlustrechnung

Aktiva	Bilanz Passiva
1. Liquide Mittel	1. Eigenkapital
2. Ausgabe noch nicht Aufwand (Gekaufte Maschinen mit mehrjähriger Nutzungsdauer)	2. Aufwand noch nicht Ausgabe (Kreditoren, Rückstellungen)
3. Ausgabe noch nicht Einnahme (Wertpapiere, Aktivdarlehen)	3. Einnahme noch nicht Ausgabe (Darlehen)
4. Ertrag noch nicht Aufwand (selbsterstellte Maschinen, Werkzeuge)	4. Aufwand noch nicht Ertrag (Rückständige Instandsetzungen durch eigene Werkstatt)
5. Ertrag noch nicht Einnahme (Forderungen, Fertigfabrikate)	5. Einnahme noch nicht Ertrag (Anzahlung von Kunden)

Soll	Gewinn- und Verlustrechnung Haben
1. Aufwand jetzt, Ausgabe jetzt (Kauf und Verbrauch von Rohstoffen)	1. Ertrag jetzt, Einnahme jetzt (Verkauf von in der Periode produzierten Produkten)
2. Aufwand jetzt, Ausgabe früher (Abschreibung)	2. Ertrag jetzt, Einnahme früher (Nachlieferung aufgrund von Anzahlungen)
3. Aufwand jetzt, Ausgabe später (Verbrauch von Rohstoffen auf Kredit)	3. Ertrag jetzt, Einnahme später (Produktion auf Lager, Verkauf auf Ziel)
4. Aufwand jetzt, Ertrag jetzt (Produktion von Fabrikaten)	4. Ertrag jetzt, Aufwand jetzt (Produktion von Fabrikaten)
5. Aufwand jetzt, Ertrag früher (Abschreibung selbsterstellter Maschinen)	5. Ertrag jetzt, Aufwand früher (Nachholung rückständiger Instandhaltung durch eigene Werkstatt)
6. Aufwand jetzt, Ertrag später (rückständige Instandsetzung durch eigene Werkstatt)	6. Ertrag jetzt, Aufwand später (Produktion von Maschinen zum eigenen Gebrauch)

Dynamische Bilanztheorie von Schmalenbach (IV)

Keine geschlossene Bewertungstheorie

Niederschlag im HGB:

1. Bewertung nach dem Prinzip der Vergleichbarkeit der Periodenergebnisse
   - Anschaffungs- bzw. Herstellungskosten als Bewertungsgrundlage
   - genaue Periodenabgrenzung
   - Abschreibungsstetigkeit
   - Bewertungskonstanz bei eisernen Beständen
2. Bewertung nach dem Vorsichtsprinzip

3. Reale Kapitalerhaltung durch Anwendung eines Geldentwertungsindexes bei bedeutsamen Geldentwertungen
   - hat keinen Niederschlag im HGB gefunden

Finanzwirtschaftliche Bilanztheorie von Walb (I)

Grundlage:

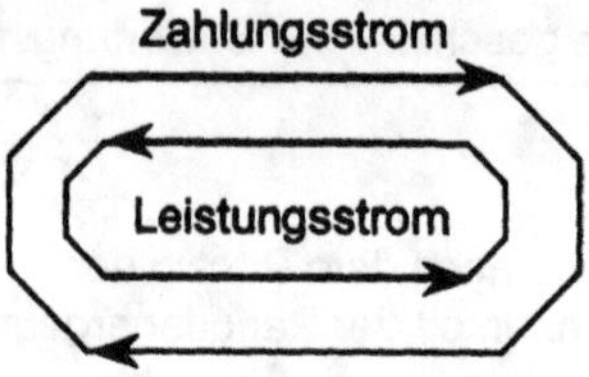

Erfassung der den beiden Strömen zuzuordnenden Vorgänge auf Konten der Zahlungsreihe und der Leistungsreihe

Verrechnungsarten:

1. ***ursprüngliche Verrechnungen***

   a) Zahlungsreihe: Zahlungsausgänge (Ausgaben)
   Zahlungseingänge (Einnahmen)

   b) Leistungsreihe: Leistungsausgänge (Ertrag)
   Leistungseingänge (Aufwand)

2. ***Zurückverrechnung***
   (noch nicht erfolgswirksame frühere Einnahmen und Ausgaben = Korrektur der ursprünglich zu hohen Leistungsverrechnung)

3. ***Nachverrechnung***
   (in der Abrechnungsperiode erfolgswirksame, zukünftig anfallende und deshalb noch nicht erfaßte Einnahmen und Ausgaben)

Punkte 2 und 3: Periodenabgrenzung

Zweck und Mittel:

Erreicht werden soll die Ermittlung des Periodenergebnisses.

Die finanzwirtschaftliche und die Leistungsseite des Unternehmens werden getrennt.

Der Erfolg resultiert aus der Leistungsseite.

Bilanz sowie Gewinn- und Verlustrechnung sind gleichrangig.

Finanzwirtschaftliche Bilanztheorie von Walb (II)

Buchungsbeispiel: Kauf einer Maschine zu 1000 und Abschreibung zu 10%

Konten der Zahlungsreihe

Bank

	1. ursprüngliche Ausgabe 1000

Maschine

2. Zurückverrechnete Ausgabe 900	

Konten der Leistungsreihe

Maschinenverzehr

1. ursprünglicher Leistungseingang 1000	2. Zurückverrechneter Leistungseingang 900

Bilanz

Aktiva	Passiva
1. Ursprünglich verrech. Einnahmen (z.B. Geldbestand, Forderungen)	1. Ursprünglich verrechnete Ausgaben (z.B. Verbindlichkeiten, Grundkapital, Rücklagen)
2. Zurückverrechnete Ausgaben (z.B. Waren, Rohstoffe, Grundstücke, Wertpapiere, Maschinen)	2. Zurückverrechnete Einnahmen (z.B. im voraus erhaltene Zinsen, Mieten)
3. Nachverrechnete Einnahmen (z.B. noch zu vereinnahmende Miete) (= künftige Einnahmen)	3. Nachverrechnete Ausgaben (z.B. rückständige Löhne, Mieten) (= künftige Ausgaben)

Gewinn- und Verlustrechnung

Aufwand	Ertrag
1. Ursprünglich verrechnete Leistungseingänge (Kauf von Anlagen, Waren, Rohstoffen)	1. Ursprünglich verrechnete Leistungsausgänge (Mieten)
2. Zurückverrechnete Leistungsausgänge (im voraus erhaltene Mieten)	2. Zurückverrechnete Leistungseingänge (Anlagen, Waren, Rohstoffe)
3. Nachverrechnete Leistungseingänge (noch zu zahlende Miete/Steuern)	3. Nachverrechnete Leistungsausgänge (noch zu vereinnahmende Miete)

Saldo = Aufwand

= "endgültige Leistungsverrechnung"

Pagatorische Bilanztheorie von Kosiol

Grundlage: Güter- und Geldbewegungen laufen parallel. Deshalb soll der Erfolg durch ***Gegenüberstellung von Einnahmen und Ausgaben (= pagatorisch)*** errechnet werden.

Erfordernis: Für eine Periodenrechnung ist es notwendig, die Gesamteinnahmen-/-ausgabenrechnung zeitlich zu zerlegen. Dazu muß der ***Bilanzinhalt in Zahlungsbegriffe gefaßt*** werden.

Folge: ***Barzahlungen*** (Bareinnahmen/-ausgaben)
Verrechnungszahlungen (Korrekturen zu den Barzahlungen für eine periodengerechte Abgrenzung)

Pagatorische Bewegungsbilanz (Urform)

Einnahmen	Ausgaben
I. Bareinnahmen	I. Barausgaben
II. Verrechnungseinnahmen	II. Verrechnungsausgaben
1. Voreinnahmen	1. Vorausgaben
2. Tilgungseinnahmen	2. Tilgungsausgaben
3. Rückeinnahmen	3. Rückausgaben
4. Nacheinnahmen	
	Saldo = Periodenerfolg (Gewinn)

Pagatorische Beständebilanz (Grundgestalt)

Aktiva	Passiva
I. Einnahmenbestände	I. Ausgabenbestände
1. Kasse bzw. Guthaben-Barbestände	1. Schulden = Ausgabenvorgriffe
2. Forderungen = Einnahmenvorgriffe	
II. Ausgabengegenwerte	II. Einnahmengegenwerte
3. Vorräte	2. Reservate (z.B. Kundenanzahlungen)
	Saldo = Periodenerfolg (Gewinn)

Organische Bilanztheorie von Schmidt

Grundlage: Betrieb soll als Organ der Volkswirtschaft in seiner Leistungsfähigkeit erhalten werden. ***Gewinne aus Geldentwertung (= Scheingewinne)*** dürfen nicht ausgeschüttet werden.

Scheingewinn bei Geldwertminderung:

	Verkaufspreis eines Gutes	100.000
./.	historische Anschaffungskosten	40.000
=	Nominalgewinn	60.000
./.	geldwertbedingte Anschaffungskostensteigerung	15.000
	Ausschüttungsfähiger Gewinn	45.000

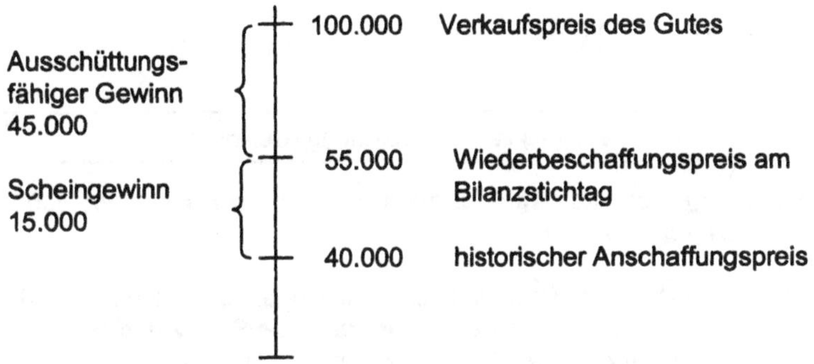

Demgegenüber: ***Scheinverluste bei Geldwertsteigerung!***

Konsequenzen:

1. Bewertung der Gegenstände des Anlagevermögens und der Sachgüter des Umlaufvermögens zu Wiederbeschaffungswerten bzw. Herstellungskosten am Bilanzstichtag (Reproduktionswert).
2. Erfassung der Wertänderungen auf einem Vermögenswertänderungskonto (= Kapitalergänzungskonto).
3. Abschreibung vom Wiederbeschaffungs- bzw. Reproduktionswert.
4. Bewertung der Nominalwertgüter (Geldvermögen) (Bank, Kasse, Forderungen usw.) sowie der Geldverbindlichkeiten zum Nominalwert.
5. Ausgleich der Geldwertschwankungen beim Geldvermögen durch Prinzip der Wertgleichheit bei Nominalwertgütern (Finanzierung des Geldvermögens mit Fremdkapital).

Anhang

Zweck des Anhangs

- ☞ ***Ergänzung*** von Bilanz sowie Gewinn- und Verlustrechnung zur Verbesserung der Aussagen über die Vermögens-, Finanz- und Ertragslage des Unternehmens
- ☞ Vermeidung von Fehlinterpretationen durch ***Erläuterungen***
- ☞ ***Entlastung*** von Bilanz sowie Gewinn- und Verlustrechnung durch Verlagerung von Angaben in den Anhang

Struktur des Anhangs

- ☞ keine vorgeschriebene Struktur
- ☞ Anforderung der Klarheit und Übersichtlichkeit

Anforderungsgerechte Zuordnung (Beispiel)

Abschnitt 1: ***Angaben*** und ***Begründungen*** zur Form der ***Darstellung*** von ***Bilanz*** und ***GuV***

Abschnitt 2: ***Angaben***, Aufgliederungen, Darstellungen, Erläuterungen und Begründungen ***zu einzelnen Posten von Bilanz und GuV*** bezüglich Ausweis, Bilanzierung und Bewertung:
A. Posten der Bilanz
B. Posten der Gewinn- und Verlustrechnung

Abschnitt 3: Angaben zum ***Jahresergebnis***

Abschnitt 4: ***Zusätzliche Angaben*** zur Vermittlung eines den tatsächlichen Verhältnissen entsprechenden Bilds der Vermögens-, Finanz- und Ertragslage

Abschnitt 5: Ergänzende Angaben:
A. ***Sonstige finanzielle Verpflichtungen***
B. Beteiligungsunternehmen und Unternehmensverbindungen
C. Zusammensetzung der ***Organe***, die ***Organkredite*** und die Aufwendungen für Organe
D. ***Arbeitnehmerschaft***

Lagebericht (I)

Ein Lagebericht ist nur für mittelgroße und große Kapitalgesellschaften sowie für die in § 264a HGB genannten Personengesellschaften vorgeschrieben.

§ 289 Abs. 1 HGB: "Im Lagebericht sind zumindest der ***Geschäftsverlauf und die Lage der Kapitalgesellschaft*** so darzustellen, daß ein den tatsächlichen Verhältnissen entsprechendes Bild vermittelt wird; ***dabei ist auch auf die Risiken der künftigen Entwicklung einzugehen***."

— ***Berichterstattung über Geschäftsverlauf und Lage***

- ☞ Mindestvorschrift; Erweiterungsmöglichkeit
- ☞ Grundsätze ordnungsmäßiger Lageberichterstattung:
  - ❐ Vollständigkeit/Materiality
  - ❐ Richtigkeit
  - ❐ Klarheit und Übersichtlichkeit
  - ❐ Ergänzung zum Jahresabschluß, insbesondere in Bezug auf die Entwicklung der Erfolgskomponenten, die Vermögens- und die Finanzlage sowie die Situation im Abschlußzeitpunkt

— ***Berichterstattung über Risiken der künftigen Entwicklung***

- ☞ Risiken der künftigen Entwicklung, die in der Situation am Bilanzstichtag begründet liegen ***(bestandsgefährdende sowie entwicklungsbeeinträchtigende und segmentbezogene Risiken)***

Lagebericht (II)

§ 289 Abs. 2 HGB: "Der Lagebericht soll auch eingehen auf:"

- ☞ Sollvorschrift: ***Muß***, wenn Berichtsvorgänge vorhanden
- ☞ eingehen, nicht darlegen
- ☞ ergänzende Berichterstattung (" ... auch ... ")

"1. Vorgänge von besonderer Bedeutung, die nach dem Schluß des Geschäftsjahrs eingetreten sind"

- ☞ Nachtragsberichterstattung
- ☞ Aussagen zur erforderlichen Aktualisierung des sich aus Jahresabschluß, Geschäftsverlaufs- und Lagedarstellung ergebenden Bilds der Vermögens-, Finanz- und Ertragslage

"2. die voraussichtliche Entwicklung der Kapitalgesellschaft"

- ☞ Prognoseberichterstattung
- ☞ Aussagen über die von der Unternehmensleitung erwartete Entwicklung des Unternehmens

"3. den Bereich Forschung und Entwicklung"

- ☞ Forschungs- und Entwicklungsberichterstattung
- ☞ mögliche Berichtsinhalte:
  - Forschungs- und Entwicklungsgebiete
  - eigene (Mitarbeiterzahl) bzw. fremde Forschung
  - Forschungs- und Entwicklungsaufwendungen (Relationen)
  - Forschungsplanung

"4. bestehende Zweigniederlassungen der Gesellschaft"

Anforderung an die Kapitalflußrechnung

Die Kapitalflußrechnung dient der Ergänzung des Jahresabschlusses.
Sie wird häufig in den Anhang oder den Lagebericht aufgenommen.
Eine Pflicht zur Erstellung einer Kapitalflußrechnung besteht lediglich für börsennotierte Mutterunternehmen im Konzernanhang.
(§ 297 Abs. 1 Satz 2 HGB)

Die Kapitalflußrechnung dient einer Darstellung der finanziellen Entwicklung eines Unternehmens. In ihrer Ausgestaltung hängt sie von der ***Definition der finanziellen Entwicklung*** ab.

- ☞ rechnen mit ***finanzwirtschaftlichen Größen*** (Einnahmen/Ausgaben)
- ☞ objektive Prüfbarkeit bei retrospektiver Rechnung (Ausschaltung von Bewertungsspielräumen)
- ☞ Ableitung aus der Buchführung (Aussagen über den Jahresabschluß hinaus)
- ☞ Bezugnahme auf die Berichtsperiode des zugehörigen Jahresabschlusses
- ☞ Gliederung nach zweckbedingten, zusammenhängenden Kategorien
- ☞ zeitliche und zwischenbetriebliche Vergleichbarkeit (Kontinuität)
- ☞ Aktualität

Bewegungsbilanz als Vorläufer der Kapitalflußrechnung

Zweck: Darstellung des ***finanzwirtschaftlichen Stroms***

Ableitung:

Bilanz (II): Aktiva (II) + Verlust ./. Passiva (II) ./. Gewinn = 0
./. Bilanz (I): Aktiva (I) ./. Passiva (I) = 0

← + Aktivmehrung
./. Aktivminderung →
← + Verlust
← + Passivminderung
./. Passivmehrung →
./. Gewinn →

= 0

Beständedifferenzenbilanz

Ordnung nach Bilanzgliederungsschema

Vermögensänderung	Kapitaländerung
Aktivmehrung	Passivmehrung
Aktivminderung	Passivminderung
Verlust	Gewinn

Bewegungsbilanz aus der Jahresbilanz

Ordnung der Postendifferenzen nach der ***Fristigkeit der Posten***

Mittelverwendung	Mittelherkunft
Aktivmehrung	Passivmehrung
Passivminderung	Aktivminderung
Verlust	Gewinn

Kapitalflußrechnung nach DRS 2 direkte Berechnung

1.		Einzahlungen von Kunden für den Verkauf von Erzeugnissen, Waren und Dienstleistungen
2.	-	Auszahlungen an Lieferanten und Beschäftigte
3.	+	Sonstige Einzahlungen, die nicht der Investitions- oder Finanzierungstätigkeit zuzuordnen sind
4.	-	Sonstige Auszahlungen, die nicht der Investitions- oder Finanzierungstätigkeit zuzuordnen sind
5.	+/-	Ein- und Auszahlungen aus außerordentlichen Posten
6.	=	Cashflow aus laufender Geschäftstätigkeit
7.		Einzahlungen aus Abgängen von Gegenständen des Sachanlagevermögens
8.	-	Auszahlungen für Investitionen in das Sachanlagevermögen
9.	+	Einzahlungen aus Abgängen von Gegenständen des immateriellen Anlagevermögens
10.	-	Auszahlungen für Investitionen in das immaterielle Anlagevermögen
11.	+	Einzahlungen aus Abgängen von Gegenständen des Finanzanlagevermögens
12.	-	Auszahlungen für Investitionen in das Finanzanlagevermögen
13.	+	Einzahlungen aus dem Verkauf von konsolidierten Unternehmen und sonstigen Geschäftseinheiten
14.	-	Auszahlungen aus dem Erwerb von konsolidierten Unternehmen und sonstigen Geschäftseinheiten
15.	+	Einzahlungen aufgrund von Finanzmittelanlagen im Rahmen der kurzfristigen Finanzdisposition
16.	-	Auszahlungen aufgrund von Finanzmittelanlagen im Rahmen der kurzfristigen Finanzdisposition
17.	=	Cashflow aus der Investitionstätigkeit
18.		Einzahlungen aus Eigenkapitalzuführungen (Kapitalerhöhungen)
19.	-	Auszahlungen an Unternehmenseigener und Minderheitsgesellschafter (Dividenden, Eigenkapitalrückzahlungen, andere Ausschüttungen)
20.	+	Einzahlungen aus der Begebung von Anleihen und aus der Aufnahme von (Finanz-)Krediten
21.	-	Auszahlungen für die Tilgung von Anleihen und (Finanz-)Krediten
22.	=	Cashflow aus der Finanzierungstätigkeit
23.		Zahlungswirksame Veränderungen des Finanzmittelfonds (Summe der Zeilen 6, 17 und 22)
24.	+/-	Wechselkurs-, konsolidierungskreis- und bewertungsbedingte Änderungen des Finanzmittelfonds
25.	+	Finanzmittelfonds am Anfang der Periode
26.	=	Finanzmittelfonds am Ende der Periode

Kapitalflußrechnung nach DRS 2 indirekte Berechnung

1.		Periodenergebnis vor außerordentlichen Posten
2.	+/-	Abschreibungen/Zuschreibungen auf Gegenstände des Anlagevermögens
3.	+/-	Zunahme/Abnahme der Rückstellungen
4.	+/-	Sonstige zahlungsunwirksame Aufwendungen/Erträge
5.	-/+	Gewinn/Verlust aus dem Abgang von Gegenständen des Anlagevermögens
6.	-/+	Zunahme/Abnahme der Vorräte, der Forderungen aus Lieferungen und Leistungen sowie anderer Aktiva, die nicht der Investitions- oder Finanzierungstätigkeit zuzuordnen sind
7.	+/-	Zunahme/Abnahme der Verbindlichkeiten aus Lieferungen und Leistungen sowie anderer Passiva, die nicht der Investitions- oder Finanzierungstätigkeit zuzuordnen sind
8.	+/-	Ein- und Auszahlungen aus außerordentlichen Posten
9.	=	Cashflow aus laufender Geschäftstätigkeit
10.		Einzahlungen aus Abgängen von Gegenständen des Sachanlagevermögens
11.	-	Auszahlungen für Investitionen in das Sachanlagevermögen
12.	+	Einzahlungen aus Abgängen von Gegenständen des immateriellen Anlagevermögens
13.	-	Auszahlungen für Investitionen in das immaterielle Anlagevermögen
14.	+	Einzahlungen aus Abgängen von Gegenständen des Finanzanlagevermögens
15.	-	Auszahlungen für Investitionen in das Finanzanlagevermögen
16.	+	Einzahlungen aus dem Verkauf von konsolidierten Unternehmen und sonstigen Geschäftseinheiten
17.	-	Auszahlungen aus dem Erwerb von konsolidierten Unternehmen und sonstigen Geschäftseinheiten
18.	+	Einzahlungen aufgrund von Finanzmittelanlagen im Rahmen der kurzfristigen Finanzdisposition
19.	-	Auszahlungen aufgrund von Finanzmittelanlagen im Rahmen der kurzfristigen Finanzdisposition
20.	=	Cashflow aus der Investitionstätigkeit
21.		Einzahlungen aus Eigenkapitalzuführungen (Kapitalerhöhungen)
22.	-	Auszahlungen an Unternehmenseigner und Minderheitsgesellschafter (Dividenden, Eigenkapitalrückzahlungen, andere Ausschüttungen)
23.	+	Einzahlungen aus der Begebung von Anleihen und aus der Aufnahme von (Finanz-)Krediten
24.	-	Auszahlungen für die Tilgung von Anleihen und (Finanz-)Krediten
25.	=	Cashflow aus der Finanzierungstätigkeit
26.		Zahlungswirksame Veränderungen des Finanzmittelfonds (Summe der Zeilen 9, 20 und 25)
27.	+/-	Wechselkurs-, konsolidierungskreis- und bewertungsbedingte Änderungen des Finanzmittelfonds
28.	+	Finanzmittelfonds am Anfang der Periode
29.	=	Finanzmittelfonds am Ende der Periode

Offenlegungspflicht (I)

Große Kapitalgesellschaften (§ 325 Abs. 2 HGB)

Zum ***Handelsregister*** sind einzureichen:

- ☞ Jahresabschluß (Bilanz, Gewinn- und Verlustrechnung, Anhang)
- ☞ Bestätigungs- bzw. Versagungsvermerk des Abschlußprüfers
- ☞ Lagebericht
- ☞ Bericht des Aufsichtsrats
- ☞ Jahresergebnis
- ☞ Vorschlag für die Verwendung des Jahresergebnisses
- ☞ Beschluß über die Ergebnisverwendung
- ☞ Bekanntmachung im Bundesanzeiger

(Jahresergebnis, Vorschlag für die Verwendung des Jahresergebnisses, Beschluß über die Ergebnisverwendung: soweit sie sich nicht aus dem Jahresabschluß ergeben)

(Zunächst) Im ***Bundesanzeiger*** sind zu veröffentlichen:

- ☞ zum Handelsregister einzureichende Unterlagen
- ☞ Die Aufstellung des Anteilsbesitzes muß nicht im Bundesanzeiger veröffentlicht werden.

Zeitpunkt der Offenlegung:

Unverzüglich nach Vorlage des Jahresabschlusses an die Gesellschafter, spätestens vor Ablauf des zwölften Monats des dem Abschlußstichtag nachfolgenden Geschäftsjahrs

Offenlegungspflicht (II)

Kleine Kapitalgesellschaften (§ 326 HGB)

Zum ***Handelsregister*** sind einzureichen:

- Bilanz
  zusammengefaßt: nur die in § 266 Abs. 2 und 3 HGB mit Buchstaben und römischen Zahlen bezeichneten Posten (§ 266 Abs. 1 Satz 3 HGB)
- Anhang
  (Der Anhang braucht die die GuV betreffenden Angaben nicht zu enthalten)

Im ***Bundesanzeiger*** ist bekanntzumachen, "bei welchem Handelsregister und unter welcher Nummer diese Unterlagen eingereicht worden sind." (§ 325 Abs. 1 Satz 2 HGB)

Zeitpunkt der Offenlegung: wie große Kapitalgesellschaften

Offenlegungspflicht (III)

Mittelgroße Kapitalgesellschaften (§ 325 Abs. 1 HGB)

Zum ***Handelsregister*** sind einzureichen:

- ☞ Bilanz (in vereinfachter Form nach § 327 Nr. 1 HGB),
  Gewinn- und Verlustrechnung,
  Anhang (in vereinfachter Form nach § 327 Nr. 2 HGB)
- ☞ Bestätigungs- bzw. Versagungsvermerk des Abschlußprüfers
- ☞ Lagebericht
- ☞ Bericht des Aufsichtsrats
- ☞ Jahresergebnis
- ☞ Vorschlag für die Verwendung des Jahresergebnisses
- ☞ Beschluß über die Ergebnisverwendung

(Jahresergebnis, Vorschlag für die Verwendung des Jahresergebnisses, Beschluß über die Ergebnisverwendung:) soweit sie sich nicht aus dem Jahresabschluß ergeben

Im ***Bundesanzeiger*** ist bekanntzumachen, „bei welchem Handelsregister und unter welcher Nummer diese Unterlagen eingereicht worden sind.“ (§ 325 Abs. 1 Satz 2 HGB)

Zeitpunkt der Offenlegung: wie große Kapitalgesellschaften

Vereinfachte Form der Bilanz: Bilanz für kleine Kapitalgesellschaften, jedoch mit gesondertem Ausweis in der Bilanz oder im Anhang von:

"Auf der Aktivseite

A I 2 Geschäfts- oder Firmenwert;

A II 1 Grundstücke, grundstücksgleiche Rechte und Bauten einschließlich der Bauten auf fremden Grundstücken;

A II 2 technische Anlagen und Maschinen;

A II 3 andere Anlagen, Betriebs- und Geschäftsausstattung;

A II 4 geleistete Anzahlungen und Anlagen im Bau;

A III 1 Anteile an verbundenen Unternehmen;

A III 2 Ausleihungen an verbundene Unternehmen;

A III 3 Beteiligungen;

Offenlegungspflicht (IV)

A III 4 Ausleihungen an Unternehmen, mit denen ein Beteiligungsverhältnis besteht;
B II 2 Forderungen gegen verbundene Unternehmen;
B II 3 Forderungen gegen Unternehmen, mit denen ein Beteiligungsverhältnis besteht;
B III 1 Anteile an verbundenen Unternehmen;
B III 2 eigene Anteile.

Auf der Passivseite
C 1 Anleihen, davon konvertibel;
C 2 Verbindlichkeiten gegenüber Kreditinstituten;
C 6 Verbindlichkeiten gegenüber verbundenen Unternehmen;
C 7 Verbindlichkeiten gegenüber Unternehmen, mit denen ein Beteiligungsverhältnis besteht."

(§ 327 Nr. 1 Satz 2 HGB)

Vereinfachte Form des Anhangs:

Anhang der großen Kapitalgesellschaften, aber:

- ☞ keine Aufgliederung jedes Postens der Verbindlichkeiten nach Restlaufzeit von fünf Jahren und nach pfandrechtlicher oder ähnlicher Sicherung
- ☞ keine Angabe der Beeinflussung des Jahresergebnisses durch steuerrechtliche Abschreibungen oder deren Beibehaltung sowie die Bildung von Sonderposten mit Rücklageanteil
- ☞ keine Aufgliederung des Materialaufwands nach § 275 Abs. 2 Nr. 5 HGB
- ☞ keine Erläuterung der nicht gesondert ausgewiesenen sonstigen Rückstellungen.

(§ 327 Nr. 2 HGB)

Einzelkaufleute und Personengesellschaften, soweit sie nicht zu den in § 264a HGB aufgeführten Personengesellschaften gehören, ***brauchen nicht zu veröffentlichen,*** es sei denn, sie fallen unter das Publizitätsgesetz.

Überblick über die Prüfungspflicht

Pflicht zur Prüfung (§ 316 HGB)

Der Jahresabschluß und der Lagebericht ***mittelgroßer und großer Kapitalgesellschaften*** sind durch einen Abschlußprüfer zu prüfen; ohne Prüfung kann der Jahresabschluß nicht festgestellt werden.

Kleine Kapitalgesellschaften sind nicht prüfungspflichtig;
Einzelkaufleute und Personengesellschaften sind grundsätzlich nicht prüfungspflichtig
Ausnahmen:

- ☞ Prüfungspflicht nach dem Publizitätsgesetz (§ 6 PublG)
- ☞ Prüfungspflicht für Personengesellschaften i.S.v. § 264a HGB

Gegenstand und Umfang der Prüfung (§ 317 HGB)

- ☞ Die ***Buchführung*** ist in die Prüfung einzubeziehen;
- ☞ der ***Jahresabschluß*** ist darauf zu prüfen, ob Gesetz und Satzungsbestimmungen eingehalten sind;
- ☞ der ***Lagebericht*** ist darauf zu prüfen, ob
  - er mit dem Jahresabschluß in Einklang steht,
  - er insgesamt eine zutreffende Vorstellung von der Lage des Unternehmens vermittelt,
  - die Risiken der künftigen Entwicklung zutreffend dargestellt sind.

Bestellung des Abschlußprüfers (§ 318 HGB)

- ☞ Wahl durch die Gesellschafter (bei GmbH und Personengesellschaften i.S.v. § 264a HGB ggf. anders nach dem Gesellschaftsvertrag)
- ☞ Bestellung durch den Aufsichtsrat
- ☞ ersatzweise Bestellung durch das Gericht

Abschlußprüfer für alle prüfungspflichtigen Unternehmen:

Wirtschaftsprüfer und Wirtschaftsprüfungsgesellschaften

Abschlußprüfer für mittelgroße GmbH:

auch vereidigte Buchprüfer und Buchprüfungsgesellschaften möglich

Aufgaben und Stellung des Konzernabschlusses

Der Konzernabschluß tritt nicht an die Stelle der Einzelabschlüsse der Konzernunternehmen, sondern soll als ***zusätzliches Instrument*** der Rechnungslegung ***Informationen über die wirtschaftliche Einheit des Konzerns*** vermitteln.

Der Konzernabschluß ist ***nicht***:

- Grundlage für die Dokumentation von Verpflichtungen gegenüber Gesellschaftern und Gläubigern

  Ansprüche richten sich jeweils an das einzelne Konzernunternehmen, nicht an die wirtschaftliche Einheit Konzern

- Grundlage für Gewinnverwendung

  aber: zusätzliches Informationsinstrument über die Rechtfertigung einer Gewinnausschüttung des Mutterunternehmens

- Grundlage für Besteuerung

  aber: u.U. zusätzliches Informationsinstrument für die steuerliche Beurteilung von Sachverhaltsgestaltungen

Grundlagen des Konzernabschlusses

Die Jahresabschlüsse der einzelnen Konzernunternehmen bilden die Grundlage für die Erstellung des Konzernabschlusses.

- ☞ kein spezifisches Konzern-Rechnungswesen
- ☞ aber: Umbewertung der in den Konzernabschluß einbezogenen Vermögensgegenstände und Schulden nach den für das Mutterunternehmen anwendbaren Bewertungsmethoden (Handelsbilanz II). Bewertungswahlrechte können im Konzernabschluß unabhängig von ihrer Ausübung in den Einzelabschlüssen ausgeübt werden. (§ 308 Abs. 1 Satz 2 HGB)

Der Konzernabschluß für die wirtschaftliche Einheit des Konzerns wird unter der Fiktion der rechtlichen Einheit des Konzerns erstellt (Einheitstheorie).

- ☞ Im Unterschied zur Interessentheorie wird lediglich ein Ausgleichsposten für Anteile im Fremdbesitz gebildet.
- ☞ Sonderregelung (anteilsmäßige Konsolidierung), wenn ein Unternehmen gemeinsam von einem einbezogenen Konzernunternehmen und einem anderen Unternehmen geführt wird (§ 310 HGB)

Konsolidierungsvorgänge dienen der Beseitigung von Diskrepanzen zwischen den für die rechtlichen Einheiten der Konzernunternehmen erstellten Einzelabschlüssen und dem für die fiktive rechtliche Einheit des Konzerns zu erstellenden Abschluß.

- ☞ Kapitalkonsolidierung
- ☞ Schuldenkonsolidierung
- ☞ Zwischenergebniseliminierung
- ☞ Aufwands- und Ertragskonsolidierung

Bestandteile des Konzernabschlusses (§ 297 HGB)

- ☞ Konzernbilanz
- ☞ Konzerngewinn- und -verlustrechnung
- ☞ Konzernanhang
  mit Kapitalflußrechnung und Segmentberichterstattung bei börsennotiertem Mutterunternehmen
- ☞ *Ergänzung:* Konzernlagebericht

Pflicht zur Aufstellung eines Konzernabschlusses

Verpflichtung für Kapitalgesellschaften (§§ 290 ff. HGB) und Personengesellschaften i.S.v. § 264a HGB

Mutterunternehmen mit ***Sitz im Inland***, wenn:

- ☞ Konzernunternehmen unter seiner ***einheitlichen Leitung*** stehen
- ☞ es eine ***Beteiligung*** nach § 271 Abs. 1 HGB an diesen Unternehmen (Tochterunternehmen) hält (§ 290 Abs. 1 HGB)

Eine Kapitalgesellschaft ***muß*** stets ***einen Konzernabschluß erstellen***, ***wenn*** ihr an einem Tochterunternehmen:

- ☞ die ***Mehrheit der Stimmrechte*** der Gesellschafter zustehen
- ☞ das ***Recht*** zusteht, ***die Mehrheit der Mitglieder des Verwaltungs-, Leitungs- oder Aufsichtsorgans zu bestellen oder abzuberufen,*** und sie gleichzeitig Gesellschafter ist oder
- ☞ beherrschender Einfluß aufgrund eines ***Beherrschungsvertrags*** oder einer Satzungsbestimmung zusteht (§ 290 Abs. 2 HGB)

Größenabhängige Befreiung (§ 293 HGB)

Befreiung vom HGB-Abschluß, wenn Abschluß nach international anerkannten Grundsätzen aufgestellt wurde (§ 292a HGB)

Verpflichtung für Einzelkaufleute / Personengesellschaften (§§ 11 ff. PublG)

Mutterunternehmen mit Sitz im ***Inland***, wenn:

- ☞ Konzernunternehmen unter seiner einheitlichen Leitung stehen
- ☞ für 3 aufeinanderfolgende Stichtage 2 der 3 Merkmale zutreffen

Konzernbilanzsumme	>	125 Mio DM
Konzernumsatzerlöse	>	250 Mio DM
Arbeitnehmerzahl	>	5000

Verpflichtung bei Mutterunternehmen mit Sitz im Ausland

Aufstellung eines Teilkonzernabschlusses durch das dem Mutterunternehmen am nächsten stehende inländische Unternehmen

Befreiender übergeordneter ausländischer Konzernabschluß

Konsolidierungskreis

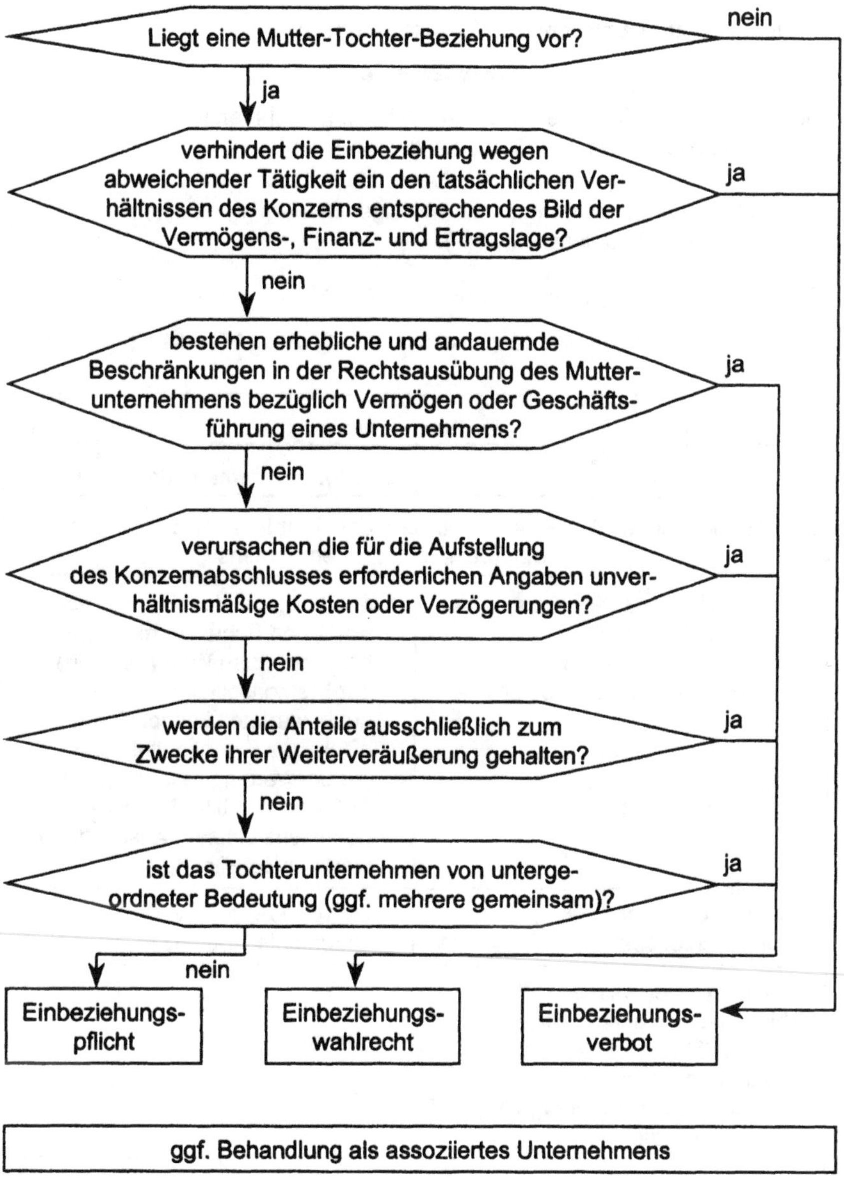

Grundfragen der Kapitalkonsolidierung (I)

In Deutschland hauptsächliche Konsolidierungsmethode:

Erwerbsmethode

(Mit dem Erwerb der Anteile an dem Tochterunternehmen werden indirekt dessen Aktiva und Passiva erworben.)

Modell I: Mutterunternehmen mit 100%iger Beteiligung an einem Tochterunternehmen (T)

- ☞ Buchwertmethode (§ 301 Abs. 1 Satz 1 Nr. 1 HGB)
- ☞ Neubewertungsmethode (§ 301 Abs. 1 Satz 1 Nr. 2 HGB)

Erstkonsolidierung	
Buchwertmethode	Neubewertungsmethode
Beteiligungsbuchwert des zu konsolidierenden Tochterunternehmens in der Bilanz des Mutterunternehmens	
./. konsolidierungspflichtiges Eigenkapital der T (alle in § 266 Abs. 3 HGB unter A. genannten Posten)	./. durch Ansatz der Vermögenswerte und Schulden mit dem beizulegenden Wert (Zeitwert) per Erstkonsolidierungstag neubewertetes konsolidierungspflichtiges Eigenkapital der T (Neubewertung des EK durch Aufdeckung stiller Reserven höchstens bis zum Anschaffungswert der Beteiligung)
= aktiver oder passiver Unterschiedsbetrag	= aktiver oder passiver Unterschiedsbetrag
Verteilung eines aktiven Unterschiedsbetrags auf die Bilanzposten der konsolidierten T, soweit deren beizulegender Wert (Zeitwert) per Erstkonsolidierungstag vom Buchwert abweicht	
Übernahme verbleibender Unterschiedsbeträge in die Konzernbilanz ☞ aktiv: als Geschäfts- oder Firmenwert bzw. offener Abzug von den Konzernrücklagen ☞ passiv: als Unterschiedsbetrag aus der Kapitalkonsolidierung	

Grundfragen der Kapitalkonsolidierung (II)

Folgekonsolidierung

Berücksichtigung zusätzlicher Abschreibungen aufgrund der Aufdeckung stiller Reserven im Rahmen der Erstkonsolidierung bei abnutzbaren Vermögensgegenständen

Behandlung eines Geschäfts- oder Firmenwerts (§ 309 Abs. 1 HGB)

- ☞ Abschreibung des Geschäfts- oder Firmenwerts mit mindestens 25%
- ☞ Planmäßige Abschreibung des Geschäfts- oder Firmenwerts über die Jahre seiner voraussichtlichen Nutzung

Behandlung eines passiven Unterschiedsbetrags aus der Kapitalkonsolidierung (§ 309 Abs. 2 HGB)

- ☞ Grundsätzlich erfolgsneutrale Einstellung eines passiven Unterschiedsbetrags in die anderen Gewinnrücklagen des Konzerns
- ☞ Ausnahme:
  wenn eine zum Zeitpunkt des Erwerbs der Anteile oder der erstmaligen Konsolidierung erwartete künftige Verlustsituation eingetreten ist
  ⇒ Verlustverrechnung gegen den passiven Unterschiedsbetrag

Sonderfragen der Kapitalkonsolidierung (I)

Modell II: wie Modell I, jedoch ***mit mehreren Tochterunternehmen***

- Es sind aktive und passive verbleibende Unterschiedsbeträge möglich.
- Zusammenfassung der verbleibenden Unterschiedsbeträge ist zulässig, sofern die verrechneten Posten im Anhang angegeben werden. (§ 301 Abs. 3 Satz 3 HGB)

Modell III: wie Modell I, jedoch ***Beteiligung an dem Tochterunternehmen nur beispielsweise zu 80%***

- Vollkonsolidierung mit Minderheitenausweis
- Höhe des Ausgleichspostens für Anteile anderer Gesellschafter ist abhängig von der Konsolidierungsmethode

  a) ***Buchwertmethode***:
  Ausweis des Minderheitenanteils in Höhe des prozentualen Anteils am Eigenkapital der Untergesellschaft. Die auf den Minderheitenanteil entfallenden stillen Reserven werden nicht aufgelöst.

  b) ***Neubewertungsmethode***:
  Die Vermögensgegenstände werden in der Konzernbilanz auch um die auf Minderheiten entfallenden stillen Reserven höher ausgewiesen. Die stillen Reserven werden anteilig dem Minderheitenanteil zugewiesen.

- Keine Aufteilung eines sich ergebenden Geschäfts- oder Firmenwerts auf Konzern und Minderheiten

Modell IV: wie Modell I, jedoch ***Vorhandensein eigener Anteile***

- Eigene Anteile des Mutterunternehmens sind in der Konzernbilanz im Umlaufvermögen gesondert auszuweisen.
- Eigene Anteile des Tochterunternehmens sind gegen sein gezeichnetes Kapital zu verrechnen.

Sonderfragen der Kapitalkonsolidierung (II)

Modell V: wie Modell II, jedoch ***mit ausstehenden Einlagen auf das Grundkapital***

a) ausstehende Einlagen des Mutterunternehmens gegenüber Dritten gehen in die Konzernbilanz ein.

ausstehende Einlagen des Mutterunternehmens gegenüber konsolidierten Unternehmen:

- eingefordert: ausstehende Einlagen haben Forderungscharakter -> Schuldenkonsolidierung
- nicht eingefordert: gehen in die Konzernbilanz ein

b) ausstehende Einlagen des Tochterunternehmens gegenüber Dritten:

- eingefordert: gehen in die Konzernbilanz ein
- nicht eingefordert: mindern das konsolidierungspflichtige Kapital

ausstehende Einlagen des Tochterunternehmens gegenüber konsolidierten Unternehmen:

- eingefordert: Schuldenkonsolidierung
- nicht eingefordert: mindern das konsolidierungspflichtige Kapital

Modell VI: ***Gegenseitige Beteiligung***

Summe der Buchwerte sämtlicher zu konsolidierender Anteile an verbundenen Unternehmen

./. Summe des konsolidierungspflichtigen Eigenkapitals

= Konsolidierungsausgleichsposten

☞ Bei gegenseitigen Beteiligungen zwischen M und T sind die Rückbeteiligungen als eigene Anteile auszuweisen.

☞ Minderheitenanteile an den jeweiligen Konzernunternehmen sind zu berücksichtigen.

Modell VII: ***Mehrstufiger Konzern***

Formen der Konsolidierung:
- Kettenkonsolidierung
- Simultankonsolidierung

Assoziierte Unternehmen und Anwendungsbereich der Equity-Methode

Begriff der assoziierten Unternehmen (§ 311 Abs. 1 HGB)

- ☞ Es besteht eine Beteiligung i.S.d. § 271 Abs. 1 HGB zu einem nicht in den Konzernabschluß einbezogenen Unternehmen.
- ☞ Über diese Beteiligung wird ein maßgeblicher Einfluß auf die Geschäfts- und Finanzpolitik des nicht einbezogenen Unternehmens ausgeübt.

Anwendungsbereich der Equity-Methode

- assoziierte Unternehmen
  - ☞ Beteiligungen, die zwischen 20% und 50% der Stimmrechte gewähren (widerlegbare Vermutung)
  - ☞ Beteiligungen, die weniger als 20% der Stimmrechte gewähren, sofern die Ausübung eines maßgeblichen Einflusses nachgewiesen ist.
- Beteiligung an Gemeinschaftsunternehmen, sofern nicht die anteilsmäßige Konsolidierung gewählt wurde

Durchführung der Equity-Methode

Ausgestaltungsmöglichkeiten der Equity-Methode

Buchwertmethode

- ☞ Ausweis der Beteiligung mit dem Buchwert
- ☞ Unterschiedsbetrag zwischen dem Buchwert der Beteiligung und dem auf die Beteiligung entfallenden Eigenkapital wird gesondert in der Bilanz oder im Anhang vermerkt.
- ☞ In Folgejahren beim assoziierten Unternehmen entstehende Jahresüberschüsse erhöhen den Beteiligungsansatz. Jahresfehlbeträge führen zu einer Beteiligungsabwertung.
- ☞ Ausschüttungen dürfen nicht zu Doppelerfassungen führen.

Kapitalanteilsmethode

- ☞ Neubewertung aller Bilanzposten mit deren Zeitwerten in einer Nebenrechnung für das assoziierte Unternehmen
- ☞ Die Anschaffungskosten der Beteiligung dürfen durch die Auflösung stiller Reserven nicht überschritten werden.
- ☞ Ermittlung des Unterschiedsbetrags
- ☞ Ein aktiver Unterschiedsbetrag ist zusätzlich zum anteiligen Eigenkapital als Wert der Beteiligung zu aktivieren und entsprechend einer Nebenrechnung des assoziierten Unternehmens fortzuschreiben.

Ausgestaltungsmöglichkeiten der Equity-Methode

	Anschaffungskosten	
+	anteiliges Ergebnis des assoziierten Unternehmens	planmäßige Fortschreibung
./.	vereinnahmte Gewinnausschüttungen	
./.	Abschreibung zugeordneter stiller Reserven	
./.	Abschreibung des aktiven Unterschiedsbetrags	
+	Auflösung eines nicht zugeordneten passiven Unterschiedsbetrags	
./.	außerplanmäßige Abschreibungen	außerplanmäßige Fortschreibung
+	Kapitaleinzahlungen	
./.	Kapitalrückzahlungen	

Kapitalkonsolidierung nach der Pooling-of-Interests-Methode (Interessenzusammenführungsmethode)

Alternative zur Erwerbsmethode:

Methodenwahlrecht nach § 302 Abs. 1 HGB unter folgenden Voraussetzungen:

- ☞ Die zu verrechnenden Anteile müssen mindestens 90% des Nennbetrags oder des rechnerischen Werts der Anteile des Tochterunternehmens, die nicht eigene Anteile sind, betragen.
- ☞ Die Beteiligung muß im wesentlichen durch Hingabe (Tausch) von Anteilen eines in den Konzernabschluß einbezogenen Unternehmens und nicht durch Kauf erworben sein.
- ☞ Eine Barzahlung darf 10% des Nennbetrags oder des rechnerischen Werts der ausgegebenen Anteile nicht übersteigen.

Vorgehensweise der ***Pooling-of-Interests-Methode***:

- ☞ Verrechnung des Beteiligungsbuchwerts nur mit dem Grund- oder Stammkapital des zu konsolidierenden Tochterunternehmens
- ☞ Verrechnung eines sich ergebenden Unterschiedsbetrags mit den Rücklagen
- ☞ Übernahme der Rücklagen sowie der Buchwerte des Vermögens, der Schulden und sonstigen Posten in die Konzernbilanz

Anteilmäßige (= Quoten-)Konsolidierung

Voraussetzung: Existenz von ***Gemeinschaftsunternehmen***, die gemeinsam mit einem oder mehreren nicht zum Konsolidierungskreis gehörenden Unternehmen geführt werden.

Anwendung: Grundsätzlich Quotenkonsolidierung

- ☞ wahlweise kann ***Equity-Methode*** angewandt werden

- ☞ Bei Anwendung der Quotenkonsolidierung gelten die ***Grundsätze der Vollkonsolidierung*** entsprechend.

Durchführung: ***Kapitalanteilsmäßige Übernahme*** der Posten des Jahresabschlusses des Tochterunternehmens in den Konzernabschluß und anteilige Verrechnung der Eigenkapitalposten mit dem Beteiligungswert entsprechend der Vollkonsolidierung (§ 310 HGB)

Ausweis von ***Minderheitsanteilen*** entfällt.

Weiterhin werden ***quotal*** konsolidiert:

- ☞ konzerninterne Schuldverhältnisse
- ☞ Zwischenergebnisse
- ☞ Aufwendungen und Erträge aus Geschäften zwischen Gemeinschafts- und Konzernunternehmen

Kritik:

- ☞ Quotenkonsolidierung ***verstößt gegen*** die ***Einheitstheorie*** der Konzernrechnungslegung.
- ☞ ***Aussagefähigkeit*** des Konzernabschlusses wird beeinträchtigt.

Schuldenkonsolidierung

Kennzeichnung :	Aufrechnung von Forderungen und Verbindlichkeiten, die zwischen Unternehmen des Konsolidierungskreises bestehen (§ 303 HGB)

Abgrenzung der - in weitem Sinne zu verstehenden – konsolidierungspflichtigen Forderungen und Verbindlichkeiten:

- Anzahlungen,
- Wechsel- und Scheckforderungen bzw. -verbindlichkeiten,
- Rückstellungen,
- Rechnungsabgrenzungsposten,
- Forderungen und Verbindlichkeiten gegenüber verbundenen Unternehmen,
- Forderungen in den Posten sonstige Vermögensgegenstände, sonstige Verbindlichkeiten,
- eingeforderte ausstehende Einlagen,
- Anleihen und die entsprechenden Wertpapiere

Wenn Verbindlichkeiten = Forderungen -> Ende der Schuldenkonsolidierung
Wenn Verbindlichkeiten > Forderungen -> Aufrechnungsdifferenz

Behandlung der ***Aufrechnungsdifferenz***:

☞ bei erstmaliger Verrechnung: ergebniswirksam

☞ bei wiederholter Verrechnung: Verrechnung gegen den Ergebnisvortrag

Möglicher Verzicht auf die Schuldenkonsolidierung, wenn die zu konsolidierenden "Beträge für die Vermittlung eines den tatsächlichen Verhältnissen entsprechenden Bildes der Vermögens-, Finanz- und Ertragslage des Konzerns nur von untergeordneter Bedeutung sind."
(§ 303 Abs. 2 HGB)

Aufwands- und Ertragskonsolidierung

Konsolidierung der Innenerlöse aus Lieferungen und Leistungen (Innenumsatzerlöse) (§ 305 Abs. 1 Nr. 1 HGB)

- ggf. Verrechnung mit den auf sie entfallenden Aufwendungen
- ggf. Umgliederung in Bestandsveränderung an fertigen und unfertigen Erzeugnissen
- ggf. Umgliederung in andere aktivierte Eigenleistungen

Konsolidierung der anderen Erträge aus Lieferungen und Leistungen (§ 305 Abs. 1 Nr. 2 HGB)

- ggf. Verrechnung mit den auf sie entfallenden Aufwendungen
- ggf. Umgliederung in andere aktivierte Eigenleistungen

Bei der Aufwands- und Ertragskonsolidierung ist die Form der Gewinn- und Verlustrechnung zu berücksichtigen:

- Gesamtkostenverfahren
- Umsatzkostenverfahren

Verzicht auf die Aufwands- und Ertragskonsolidierung, wenn die "Beträge für die Vermittlung eines den tatsächlichen Verhältnissen entsprechenden Bildes der Vermögens-, Finanz- und Ertragslage des Konzerns nur von untergeordneter Bedeutung sind." (§ 305 Abs. 2 HGB)

Zwischenergebniseliminierung (I)

Kennzeichnung

"In den Konzernabschluß zu übernehmende Vermögensgegenstände, die ganz oder teilweise auf Lieferungen oder Leistungen zwischen in den Konzernabschluß einbezogenen Unternehmen beruhen, sind in der Konzernbilanz mit einem Betrag anzusetzen, zu dem sie in der auf den Stichtag des Konzernabschlusses aufgestellten Jahresbilanz dieses Unternehmens angesetzt werden könnten, wenn die in den Konzernabschluß einbezogenen Unternehmen auch rechtlich ein einziges Unternehmen bilden würden." (§ 304 Abs. 1 HGB)

☞ Abwertung auf die Konzernanschaffungs- bzw. Konzernherstellungskosten (Zwischengewinneliminierung)

☞ Aufwertung auf die Konzernanschaffungs- bzw. Konzernherstellungskosten (Zwischenverlusteliminierung)

Konzerninterne Leistungen, die nicht zu im Konzernabschluß bilanzierten Vermögensgegenständen führen, sind nicht Gegenstand der Zwischenergebniseliminierung. In solchen Fällen gleichen sich Erträge und Aufwendungen aus.

Beispiel: Zinsen, Mieten, Pachten, Konzernumlagen

Anwendungsgebiet der Zwischenergebniseliminierung
Anlagevermögen
Umlaufvermögen

Behandlung des Umbewertungsbetrags	
bei erstmaliger Verrechnung:	ergebniswirksam
bei wiederholter Verrechnung:	gegen den Ergebnisvortrag

Zwischenergebniseliminierung (II)

Bedingungen der Zwischenergebniselimnierung

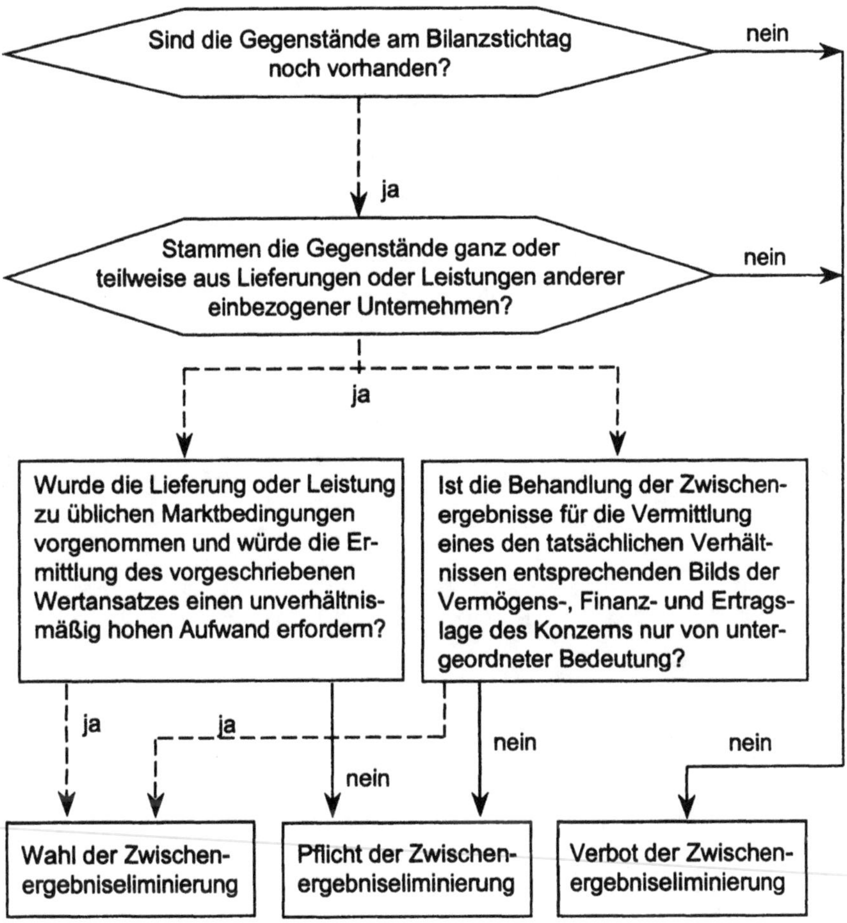

Literaturhinweise

Adler/Düring/Schmaltz: Rechnungslegung und Prüfung der Unternehmen, 6. Aufl., Stuttgart 1995-2001.

Baetge, J.: Bilanzen, 4. Aufl., Düsseldorf 1996.

Baetge, J./Kirsch, H.-J./Thiele, S.: Konzernbilanzen, 5. Aufl., Düsseldorf 2000.

Bauch, G./Oestreicher, A.: Handels- und Steuerbilanzen, 5. Aufl., Heidelberg 1993.

Bitz, M./Schneeloch, D./Wittstoch, W.: Der Jahresabschluß, 3. Aufl., München 2000.

Buchner, R.: Buchführung und Jahresabschluß, 5. Aufl., München 1997.

Budde, W.D./Clemm, H./Ellrott, H./Förschle, G./Hoyos, M. (Hrsg.): Beck'scher Bilanz-Kommentar: Handels- und Steuerrecht - §§ 238 bis 339 HGB -, 4. Aufl., München 1999.

Budde, W.D./Förschle, G.: Sonderbilanzen - Von der Gründungsbilanz bis zur Liquidationsbilanz, 2. Aufl., München 1998.

Busse von Colbe, W./Ordelheide, D.: Konzernabschlüsse, 6. Aufl., Wiesbaden 1999.

Castan, E./Heymann, G./Müller, E./Ordelheide, D./Scheffler, E. (Hrsg.): Beck'sches Handbuch der Rechnungslegung, München, Stand Nov. 1999.

Coenenberg, A.G.: Jahresabschluß und Jahresabschlußanalyse, 17. Aufl., Landsberg am Lech 2000.

Federmann, R.: Bilanzierung nach Handelsrecht und Steuerrecht, 11. Aufl., Berlin 2000.

Heinhold, M.: Der Jahresabschluß, 5. Aufl., München 2001.

Hofbauer/Kupsch (Hrsg.): Bonner Handbuch der Rechnungslegung, Bonn, Stand Nov. 2000.

Küting, K./Weber, C.-P.: Handbuch der Rechnungslegung, Bd. Ia, 4. Aufl., Stuttgart 1995.

Küting, K./Weber, C.-P.: Handbuch der Konzernrechnungslegung, Bd. II, 2. Aufl., Stuttgart 1998.

Schildbach, T.: Der handelsrechtliche Jahresabschluß, 6. Aufl., Herne/Berlin 2000.

Schmidt, H.: Bilanzpraxis, 5. Aufl., Freiburg i.Br. 1999.

Selchert, F.W.: Jahresabschlußprüfung der Kapitalgesellschaften, 2. Aufl., Wiesbaden 1996.

Selchert, F.W./Erhardt, M.: Internationale Rechnungslegung, 2. Aufl., München/Wien 1999.

Selchert, F.W./Erhardt, M./Fuhr, A./Greinert, M.: Prüfung des Lageberichts, Bielefeld 2000.

v.Wysocki, K./Schulze-Osterloh, J. (Hrsg.): Handbuch des Jahresabschlusses in Einzeldarstellungen, Köln, Stand Sep. 2000.

Wirtschaftsprüfer-Handbuch, Bd. I, 12. Aufl., Düsseldorf 2000.

Wirtschaftsprüfer-Handbuch, Bd. II, 11. Aufl., Düsseldorf 1998.

Wöhe, G.: Bilanzierung und Bilanzpolitik, 9. Aufl., München 1997.

Wöhe, G.: Die Handels- und Steuerbilanz, 4. Aufl., München 2001.

Literaturverzeichnis

Stichwortverzeichnis

www.ingramcontent.com/pod-product-compliance
Lightning Source LLC
LaVergne TN
LVHW010547300926
849162LV00002B/263